石河子大学绿洲文史研究丛书

“二拍”与晚明文化变迁

郑亮　著

齊鲁書社

目　录

第一章 绪论

第一节 对象与意义

晚明社会变化一直是学界比较关注的问题，史学和社会学都积累了大量的研究成果，从 20 世纪二三十年代马克斯·韦伯（Max Weber）提出中华帝国是静止的社会的论点，到 20 世纪 50 年代以后关于中国资本主义萌芽的探讨，再到中国近代化等讨论热烈的重大问题，都与晚明社会研究有着深刻关联。学者们从社会经济、近现代化、社会变迁等视角对晚明社会进行了多方位的研究，但从文学的角度来研究晚明社会变迁相对较少，而凌濛初创作的"二拍"正是对晚明这一色彩斑斓、天崩地坼的社会震动期最合时宜的文学描绘，"二拍"也是晚明社会众生群像的生动缩影，是晚明大众生活在大厦将倾前最后的喧哗与躁动。

凌濛初生活的时代，正值西方世界文艺复兴时期，而在我们这个有着几千年文明的东方大国，也出现了李卓吾、汤显祖、袁宏道等一大批离经叛道的思想家、艺术家。他们以鲜明的个性特色、惊世骇俗的思想见解、卓绝的艺术成就，写下了我国思想史、文学史上璀璨的篇章。在凌濛初去世的1644年，世界的另一端，大英帝国已经进入英国资产阶级革命的内战转折阶段——资产阶级的议会军开始占据优势；而这一年，中国和世界文明前进的步伐开始分道扬镳——中国进入大清王朝初年。在这一年的前后，大明王朝许多很有成就的文学家，如冯梦龙、陈子龙、夏完淳等相继在战乱中离世。

凌濛初用如椽巨笔为后世描绘了晚明社会的众生相，“二拍”作为凌濛初经世致用、启迪教化民众的范本，深受社会思想剧烈变革的浸润，又能直面现实的细微深处，自有自足地成为一个晚明市民生活的浮世绘，晚明的城市生活、社会思潮、商业活动等都在“二拍”的世界里展露星星点点，“二拍”为我们提供了从文学视角研究晚明社会变迁的可能。文学反映社会，文学塑造文化，从文学的视角看晚明文化变迁为近代意味之萌发，剖析商业、宗教和心学在晚明社会之变化脉络值得探讨。不可否认的是，晚明时期文学创作形式、文学审美趣味、文学语言使用、文学人物和主题思想等都有了与之前文学不一样的新的面貌。晚明时期通俗文学获得长足发展，小说和戏剧显耀当时。从现有文献看，明初至嘉靖前，话本小说的创作处于低谷时期，没有多少传世之作，嘉靖年间洪楩编刊《清平山堂话本》、万历年间熊龙峰刊印单行本小说开始，话本小说创作逐步走向繁荣。长篇小说的创作、刊印也进入高峰期，现存最早的《三国志通俗演义》刻本刊于嘉靖元年（1522），百回繁本《水浒传》在嘉靖十年（1531）被嘉靖八才子的李开先、陈束读过，《西游记》最早的刻本是万历二十年（1592）陈元之序的世德堂本，现存《金瓶梅》最早的刻本在万历四十五年(1617)面世,[①]四大奇书刊印流布于世的同时,冯梦龙和凌濛初也进入短篇小说创作高峰期。同一时期还有陆人龙的《型世言》,其他话本小说集有《西湖二集》、《欢喜冤家》、《鼓掌绝尘》、《石点头》、《鸳鸯针》、《笔獬豸》、《壶中天》等,对小说的评论也雨后春笋般出现。

晚明的时间界定。"晚明"一词的应用时间范围并无明确界定,使用较为宽泛,有用为明末同义语的,有指嘉靖以至明末的,有以万历划线的。本书所指的"晚明"因与社会变迁相关联,而晚明社会变迁是一个动态的过程,分水岭在成、弘年间。狭义的晚明指万历以降,包括万历、泰昌、天启、崇祯四朝,时间从1573~1644年。在"二拍"所载的78篇小说中,故事所发生的年代多以明代为主,在明确注明年代的篇目中,嘉靖、成化、万历三朝成为故事的主要时代背景,与广义的晚明概念相一致。因此,本书采用晚明的广义概念,指15世纪后半叶到17世纪前半叶(1450~1644),期间大约200年的时间跨度。

凌濛初值得研究。与同时期的作家相比,凌濛初是创作拟话本小说最多的作家,他与冯梦龙堪称中国古代短篇小说双雄,应该与汉代文学之"两司马"——司马迁和司马相如,盛唐诗之李白、杜甫,宋诗之苏轼和黄庭坚,元剧之关汉卿和王实甫等文学史上交相辉映的双子星座一样,列于时空,照彻中国古典文坛。但是,冯梦龙以搜集改编为主,凌濛初基本以自我创作为主。在文学研究中,

---

① 李开先《一笑散·时调》:"崔后渠、熊南沙、唐荆川、王遵岩、陈后冈谓《水浒传》委曲详尽,血脉贯通,《史记》而下,便是此书。"袁宏道《董思白》:"《金瓶梅》从何得来?伏枕略观,云霞满纸,胜于枚生《七发》多矣。"参见陈文新:《传统小说与小说传统》,武汉大学出版社2005年版,第169页。

凌濛初往往不被视为一流的作家,“二拍”也不被认为是一流的作品,似乎不值得进行深入的研究。其实,某个人物是否称得上一流的作家,或是某部作品是否经典,是需要对其进行全面而深入的研究之后才能够加以判断的。历史上一些重要的作家,有过被忽视的经历后又被重新认识和重视,从小说历史考察,凌濛初和“二拍”需要文学研究给予更多的关注。

凌濛初(1580~1644),字玄房,号初成,亦名凌波,别号即空观主人,明代浙江乌程(今浙江湖州)人。凌氏是世代官宦之家,凌濛初父亲凌迪知,明嘉靖三十五年丙辰科(1556)进士。凌濛初家学渊源,自然要走一条被认为是人间正道的道路——读书、科举、出仕,十二岁入学读书,十八岁时成为秀才,也算顺风顺水,但从此参加乡试连续两次不第,他跑到南京参加国子监考试,结果名落孙山,不甘心的他又赶去北京参加国子监考试,结果又榜上无名。科场上屡屡不中,让凌濛初备受打击,岁月蹉跎转眼人到中年却一事无成,他悲愤之余写了篇《绝交举子书》,表达了对科场的彻底绝望,告别科场,转而著书立说为生。有关凌濛初经历的资料,留传下来的并不多。他和当时的名士多有往来,在一些人的记录中留下了一些关于他的事迹,我们通过这些与凌濛初同时代人的诗集或笔记中对他的描述或记录来一窥其貌。

从告别科场到他55岁(1634)入仕这段时间,凌濛初完成了一个古代士子在追求达则兼济天下的梦想未果后转而著书立说、优游卒岁的华丽转身,他继承家学刻书之业,成为江南刻书名家,他的刻书技艺精湛,有双色、多色套印,与湖州闵家齐名于世。刻书种类为各种体裁的文学作品,有《孟浩然诗集》、《孟东野集》、《西厢记》、《琵琶记》、《红拂记》、《虬髯客传》、《东坡书传》等,多达20

余种。刻书事业让他有了充足的生活资本过着赏红阅绿、笙歌夜舞的雅士日子。同时，他还积极从事文学创作，他一生著述极丰，工诗文，尤精小说词曲。凌濛初论曲，提倡恢复元曲之本色，赞赏汤显祖的才华及其作品的思想艺术，对吴江派沈璟评价不高。对待创作，凌濛初要求故事情节近人情、合人理、道世法。提倡宾白浅显易晓、直截道意，反对炫耀文采、滥用典故。主张语言与音律皆以自然为宗。凌濛初著有杂剧《虬髯翁》、《颠倒姻缘》、《北红拂》等13种；传奇《乔合衫襟记》、《合剑记》、《雪荷记》等3种；经学和史学著作《圣门传诗嫡冢》、《诗经人物考》、《左传合鲭》、《倪思史汉异同补评》、《战国策概》等；文艺评论著作有《西厢记五本解证》、《南音之籁》、《燕筑讴》等；其他还有《赢滕三札》、《荡栉后录》、《国门集》、《国门乙集》、《鸡讲斋诗文》、《已编蠹涎》、《东坡禅喜集》、《合评选诗》、《陶韦合集》、《惑溺供》等。而影响最大的文学作品则是他的拟话本小说"二拍"，凌濛初的作品大都是在他入仕为官前完成的。

"二拍"值得研究。"二拍"是第一部文人白话短篇小说集，语言自成一体，"二拍"确立的白话创作话本小说范式达到成熟，成为文学样式雅俗转变之关节点，白话亦成为小说语言的一种表达方式，具有通俗、流畅、丰富的表现力，对现代小说的文学语言有借鉴意义。何锡章师曾对白话所具有的平民化与文言的贵族化有过比较分析，进而提出现代白话的发展，实现语言表达的通俗和大众化："中国传统的文学与语言文字特别是书面语言文字即文言，确实具有严重的贵族化倾向，以文言为工具的旧文学也必然在整体上带有贵族色彩。文字被贵族垄断了，文学创作自然成为书面语言文字控制者掌握的专利，文学内容与形式的贵族化成为普遍的事实。于是,倡导者们意识到要建立新文学,必须在语言上进行真正革命,也就是要真正实现言文一致,用现代白话取代文言的书面统治地位。”①五四运动的革新是从语言开始的。

“二拍”打破文言写作一枝独秀的垄断,奠定白话为文人创作小说的语言基础。在凌濛初的时代,诗文为正宗,文言为雅言是中国文学的主导思想,也是历代文人创作之圭臬。凌濛初自觉用白话创作小说,与冯梦龙相比,“三言”多以收集整理宋元话本为主,对于文学语言的选择有被动的成分,收集反映的多为话本当时状态,虽然进行了加工整理,也是在宋元话本的基础上完成,对于选择文言还是白话,下意识地随已有话本的基础为根据,有意为之的意图当以凌濛初最为清醒,“二拍”中的故事虽多有所本,但实不亚于凌濛初的创作,孙楷第曾说:“凌氏的拟话本小说,得力处在于选择话题,借一事而构设意象,往往本事在原书中不过数十字,记叙旧闻,了无意趣。在小说则清谈娓娓,文逾数千。抒情写景,如在耳目。化神奇于臭腐,易阴惨为阳舒,其功力亦实等于创作。”②运用白话写小说是凌濛初的自觉选择,这一点在文学语言史上有重要的意义,我们可以考察晚清至五四时期的白话运动中,对于用白话进行文学创作的提倡来反观凌濛初小说白话语言的重要意义。黄遵宪主张“欲令天下之农工商贾妇女幼稚皆通文字之用”③,在《人境庐诗草·杂感》提出:“我手写吾口,古岂能拘牵?”他倡导使用口语白话,被称为语言革新的先声。裘廷梁在1898年发表论文

① 何锡章:《“五四”文学语言革命思想的现代性阐释》,《江汉论坛》2004年第1期。

② 孙楷第:《沧州集》(上册),中华书局1965年版,第178页。

③ 黄遵宪:《日本国志·学术志二》。

《论白话为维新之本》;梁启超提倡新文体——文言、俗语和外来语三者合一;胡适在1917年发表《文学改良刍议》,提出废文言、倡白话的主张,成为新文化运动的导引先声,而这些主张的提出距离凌濛初的白话小说创作实践已过去了近三百年。凌濛初就是用当时市井细民、农工商贾妇女幼稚皆通文字、语言以及形式(配有插图)创作了"二拍","事类多近人情日用",刊出后受到普遍欢迎,对小说语言自觉选择"语多俚近"的白话,行文中兼有诗词等,文白相兼,雅俗共赏。

"二拍"大众化的创作指向和多元化的文化阐释契合了晚明文化的发展变化。心学在晚明时期融摄佛道,使得儒学出现了民间化和宗教化的走向,民间化使得儒家传统的精英形态更多地向平民倾斜,产生了许多历史上不曾有过的布衣儒者。而在儒家自我与社会的历史性张力中,宗教化则使得儒者的个体性更加突显。在德勒兹的经验主义看来,并不存在着建构或决定世界的心、语言或文化。心、观念和语言都是生命的结果和创造。"二拍"是凌濛初生命的创造,由创作者凌濛初、"二拍"的语言和晚明时期文化变迁三者所打开。

第二节　目标与取径

确定研究"二拍"的意义从社会变迁的相关理论来看,在于目标指向中国社会发展的独特路径。从社会学的意义上讲,社会变迁泛指一切社会现象的变化,又特指社会结构的重大变化。既指社会变迁的过程,又指社会变化的结果。在社会学中,社会变迁是一个表示一切社会现象,特别是社会结构发生变化的动态过程及其结果的范畴。① 晚明社会的变化一直以来都会引起众多学者的关注。20 世纪 80 年代后，傅衣凌作为变迁论的倡导者，他主要从资本主义萌芽角度对明清社会进行研究，②牛建强则是以社会风尚为切入点研究社会变迁。③ 这些研究都表明，明代中后期中国社会发生了一系列变化，诸如家庭婚姻、社会群体、日常生活、社会观念、宗教信仰、风俗习惯、社会思潮、文化交流等方面都与以往社会有了很大的不同。这些变化已得到历史学、社会学、经济学、政治学等多学科的广泛关注和研究，产生了大量有分量的研究成果。晚明发生了从传统的古代封建社会向新的近代资本主义社会的转变，用近代化的视角可以跳出封建社会——资本主义社会的二元争论框架的思维方式去看待中国社会发展所具有的自身独特的轨迹。社会变迁的视角是历史学与社会学相结合的结果，晚明的社会变迁是对社会运行和发展进行动态的考察，万明的研究指出，对晚明社会的变化，研究多集中于对社会风气的考察，缺乏对晚明整个社会变迁各个重要方面的综合考察。④ 从传统社会向近代社会的转型，是中国社会历史迄今为止最重要的社会转型，跳出西方中心的现代化起始说或西方冲击反应说，⑤以中国历史经验为出发

① 郑杭生主编：《社会学概论新修》，中国人民大学出版社 1998 年版，第 341 页。

② 傅衣凌：《明清社会经济变迁论》，人民出版社 1989 年版。

③ 牛建强：《明代中后期社会变迁研究》，台北文津出版社 1997 年版。

④ 万明主编：《晚明社会变迁问题与研究》，商务印书馆 2005 年版，第 13 页。

⑤ 20 世纪五六十年代，美国哈佛学派提出西方冲击——中国反应的模式，将近代西方资本主义社会看做是一个动态、发展的社会，中国社会看做是一个长期停滞的传统社会，西方冲击之后中国才有可能发生向近代社会的转变。参见 J. K. Faiarbank, Reischauer, and Craig: East Asia: the modern transformation. Boston, Houhton Mifflin, 1965.

点，中国社会发展有着自身独特之处，而晚明正是中国传统社会向近代社会转变的关键时期，对这一历史时期的社会变化现象与社会结构重大变化进行考察，文学的视角可以提供较为生动的可能。至少，我们不必延续或重复以往比照西方种种学说的印记，仅仅被动地去解释和注释。

20世纪五六十年代，西方结构功能主义孕育了现代化理论，成为有关发展中国社会变迁最流行的理论。它避免了以往社会变迁理论的笼统的纵向描述，采用横向的结构比较，通过结构类型差异的分析，考察变迁的具体内容。在结构功能的分析中，社会变迁分为社会结构的分化、整合和适应三个方面。斯梅尔塞（Neil J. Smelser）进一步以结构功能考察社会变迁，提出了解释框架：1.“变迁的结构背景”，即蕴藏于社会结构中的变迁内涵，不均衡的迹象越多，变化的可能就越大。2.“变迁的原动力”，即社会内部或外部的变迁压力，压力的结果产生威胁。3.“变迁动员”，受到压力的社会不能确定变迁的发展方向，调动资源的领导者对变迁方向具有决定性作用。4.“社会控制的实际操作”，可以促进或抵抗有意义的变迁，也可能阻止或刺激无价值的变迁。① 这一框架成为研究社会变迁的重要解释方式。这样，我们可以给近代化作一个简单的说明，尽管近代化和现代化在史学界能否通用的问题上还有争议，但能够较为统一的是近代化作为一个发展的动态过程，它的萌发酝酿的起点多数研究渐渐聚焦于晚明时期，将这一时期定为近代化的起始时间。

文学作品可以多方面地反映社会存在的种种现象和以人为代

---

① 张琢主编：《国外发展理论研究》，人民出版社1992年版，第26页。

表的社会群体,一个时期的文学经典可以较为客观地反映社会现实,在社会变化的剧烈时期,文学作品反映社会变化会更生动,具有鲜明的时代特征,尤其是对于社会变化过程的反映,文学史上有先例,汉末建安文学,唐代安史之乱后的杜甫之诗史,堪称文学作品反映社会变化的典范。凌濛初所生活的晚明时期实在是一个变相丛生、跌宕起伏、变幻莫测的时代,我们先对这个时代作简单描述:西方社会文艺复兴方兴未艾,资本主义力量开始全面崛起,大明王朝内忧外患,但万历中兴带给王朝回光返照般的兴盛让王朝目眩神迷。在晚明时期最具有影响力的几位人物,都活跃于凌濛初所生活的时期。凌濛初出生的万历八年(1580),在位最长时间的皇帝——万历皇帝朱翊钧 18 岁,他还是另一项纪录的保持者——身居九五之尊却长期不理朝政长达三十年之久。明代最有才干的首辅张居正(1525 ~ 1582)正如日中天,刚刚结束父逝丁忧,皇帝正迫不及待地等着他回朝主持大局,但是,这一年距离张居正离世仅只有两年了。从 1572 ~ 1582 这十年,大明王朝在他的掌控之下走上了号称万历中兴的时期。万历时期,可以说是大明王朝近三百年间统治最变化莫测的一段。张居正不必再说,这位生前位及大明朝最高文官职位的人——生前被授予太师头衔(通常此官位只有死后被追授)。但谁又能想到,在张居正死后不到五年的时间里,依旧是那个对他曾经无比信任、生前给了他位极人臣地位的万历皇帝对他进行了彻底的清算:挖了他的坟,抄了他的家,逼他的儿子自杀,流放他的家人。此外还有明代第一清官海瑞及明代第一抗倭名将戚继光。他们都在万历时期达到事业的最顶峰。海瑞在 1587 年的冬天于南京都察院任所与世长辞,他官至二品大员,死后家资不够买棺木殓葬。两个月后,一代将星戚继光在孤独贫病中离世。而与这些名人同时活跃于当世、对凌濛初的思想影响巨大的一位人物——李贽(1527～1602),在凌濛初出生的1580年,李贽离开姚安知府不再出仕,并在1587年遁入空门当了和尚,十五年后,李贽在狱中自刎。李贽与张居正、海瑞以及戚继光算得上是同时代的人,他比张居正只小2岁,但比张居正多活了20年,而这20年又让他看透了当时世事变化,他剃发入空门只是想摆脱世俗的束缚,他对社会和生活的时代充满了悲观情绪,最终的自杀估计也是早就想好的一个解脱,在气绝之前他用手指写下王维的诗句"七十老翁何所求"。李贽悲观绝望的情绪在他死后的士林中弥漫开来,大明王朝不免在其后的岁月中笼罩着一层浓浓的末世阴霾。

明万历四十六年(1618),努尔哈赤认为朝廷偏袒女真叶赫部而愤然颁布"七大恨",起兵反明。满洲八旗子弟在努尔哈赤和他的后代率领下,仅仅用了不到30年的时间就入主中原,建立了大清政权。宦官魏忠贤(1568～1627)把天启年间的大明搞得乌烟瘴气,他控制着东厂,将一大批对自己不满的朝廷官员、士子下狱迫害,当时的清流东林党人几乎被他残害殆尽,一大批无耻之徒都先后阿附于他。崇祯继位后,打击惩治阉党,治魏忠贤十大罪,命逮捕法办,魏忠贤自缢而亡,其余党亦被彻底肃清。就在阉党被肃清的这一年,凌濛初开始了"二拍"的创作,并于第二年刊行。作品一经问世就受到了热烈欢迎,应书商之请,凌濛初在崇祯五年(1632)又创作完二刻。在凌濛初创作二刻之际,李自成(1606～1645)在崇祯三年(1630)因陕北连年旱荒,农民纷起暴动而参加起义军。崇祯七年(1634),55岁的凌濛初出仕以贡生身份谒选上海县丞,这是一个八品的小官,负责一个县的粮食征集和督运,并且署海防事。八年之后,由于政绩突出,凌濛初被擢升为徐州府判,这时的大明王朝已是内忧外困，处于风雨飘摇的境地。

用斯梅尔塞(Neil J. Smelser)社会变迁的结构功能解释框架来分析上述的时代，则显得非常契合，社会发生变化的种种迹象活跃异常，晚明时期的社会压力外有努尔哈赤、李自成，内有张居正、魏忠贤，而国家的领导者——万历、天启、崇祯三位皇帝都不堪重任，压力下抉择错误的方向一而再再而三地不可避免。社会经济中商业的发展已逼近突破传统的边缘，阳明心学在社会思想上已产生变革的力量，人口增长引起社会分工扩大，产业结构发生了变化，单一农业向农工商并举的多元结构发展；城镇的兴起，城镇手工业发展壮大；专业商人群体增多，出现徽商、秦晋等商帮；中央集权向地方转移，民间社会组织空前加强；思想启蒙意识向民间发展，学术、儒学、党社等向民间社会倾斜趋势明显，精英文化和世俗文化相互交融等。晚明社会的整体变迁表现在经济、政治、思想、文化诸方面，而这些变化在文学中都有多彩的描述，“二拍”收录的 80 篇作品中 78 篇白话短篇小说，后世虽然“三言”“二拍”并举，但是，二者最大的差别在现实性上，“三言”多本宋元旧本，“二拍”有很大的不同。“二拍”作品主题有经商、婚恋、公案、鬼怪神异等故事，人物主要以底层民众为主——商人、市民小业主、下层官吏、士人、僧尼道士、侠士、妓女等，故事场景多取自真实生活，人物形象多来自现实社会，小说形式继承话本，叙事语言出于俚俗，与当时现实极为贴近，“二拍”通过对当时的商人和从商故事的多种记述，生动地展现了晚明商业文化的状况；通过对市民阶层的各类人物的人情日用的描述，展现了当时城市生活的场景及普通市民的一般性思想受到社会思潮变迁的影响；“二拍”中记叙了大量民间信仰、僧尼道士、寺院道观等与宗教相关的人物和事物，展示了当时宗教文化的变化；本书对“二拍”中描述商业、宗教和心学三方面的文化变迁的文本细读和话语分析，就是想从文学的视角观照晚明社会的变迁问题，文学并没有脱离社会现实，在中国一直有文以载道、文变染乎世情的文学传统，中国文人一直以入世兼济天下为实现人生价值的最高追求，在斐然成章、文采飞扬的作品中，或是在俯仰山水、采菊东篱之际，依然会有处江湖而忧庙堂之心，依然会有叹世艰、哀民生之情。即使在屡屡被禁、性描写过多的《金瓶梅》中，我们也依然能够看到书中隐藏的批判锋芒。凌濛初出身儒学官宦世家，有经世济民的思想，只是始终得不到伸展，所以他创作小说有劝世教化之用意，也常常流露出对世道黑暗的批判。

西方哲学界在20世纪的语言学转向，语言上升到本体的高度，带给文学一场革命，文学的研究集中在作品上，文学语言受到格外关注，产生了俄国形式主义、英美新批评和现代结构主义等学派。这些学派在重视文学艺术语言方面做了大量的有意义的探索，推动着文学研究的深入开展。文学的文本集中体现着文化的精神，文学创作是在文化的背景中展开，作家的文学创作、读者的文学阅读和文学语言的选择都有着深厚的文化意味，从文化视角去考察、认识文学语言，对文学和社会文化之间的关系互动了解会更为深入。当代语言哲学家阿尔斯顿认为，从哲学上看，思想之“事”与语言之“器”并不存在什么本质区别。语言、思想与世界之间存在着某种平行关系。语言是解决思维与存在关系的一把钥匙，是进入思想、进入人类概念系统从而了解世界本身的一个途径。① 语言哲学对

① ［美］威廉·阿尔斯顿著，牟博、刘鸿辉译：《语言哲学》，生活·读书·新知三联书店1988年版。

语言的关注是出于哲学上的兴趣，是为了达到通过语言理解思想乃至世界的目的。

今天，各个学科的研究逐渐认识到：语言使用中的变化方式是与广泛的社会文化过程联系在一起的，因此，他们也逐渐意识到将语言分析用作为研究社会变化的一种方法的重要性。社会科学之间的界限正在淡化，更多不同种类的理论和实践正在各个学科内部得到发展。而与这些变化相伴随的是社会理论中的一种“语言转向”，它导致了对语言的赞美，即把语言更多地看做是社会现象中的一个作为中心的角色。① 以往的看法对语言在社会生活中的重要作用并没有充分的认识，或者说，并不认为语言的社会重要性，更不用说对于文学语言的社会性的认识能够有所深入。为了阐释的便利，我在书中尝试使用一个概念，“话语”——语言在社会中广泛被重视的一个较为宽泛的指称，虽然存在相互冲突和重叠的定义，来自各种理论和学科，但这也体现了“话语”的模糊性语义的优点——平行使用、互不排斥。“话语”在使用中，有涉及口头语言的延伸部分，也有涉及书写语言的延伸部分，正是有着这样的延伸部分，“话语”就与文本有了一定的契合，在广泛地运用社会理论进行话语分析时，基本都是以文本的形式作为分析的材料，因此，话语在分析时就有了文本的向度，在本书所讨论的范围之内，话语即文本，对文学作品进行话语分析，就是对文学文本的分析。

文学是语言的艺术，文学语言主要是指文学作品所使用的语言。在文学的世界里，语言是文化的语言，文化是语言的文化。语

---

① ［英］费尔克拉夫著，殷晓蓉译：《话语与社会变迁·前言》，华夏出版社 2003 年版。

言不是独立的现象，而是意识形态、文化观念、行为规范、道德准则、宗教信仰、习俗风尚等共同塑造的产物，“语言是文化整体的一部分，但它并不是一个工具的体系，而是一套发音的风俗及精神文化的一部分”。① 语言是文化的“元”，没有语言就没有文化，语言建构着文化精神和文化心理，而文学语言正是建构文化精神和文化品质的核心表达。文学文本是记录一个时代社会生活的鲜活生动的图像，它可以集中体现和表达文化的内容和精神。在文本中，文学语言内蕴丰富，承载着社会、历史、文化、习俗、审美等多种信息，本身具有丰富的多面展现的特性。“二拍”所使用的白话语言，反映的正是思想的变化，儒学的平民化，宗教的世俗化。

语言是一套独立的符号系统，相比较文字而言，语言的独立性和符号性并不一定具有很大的改造世界的力量，用白话创造小说只是对语言使用的试探。在当时的现实中已经存在着广泛使用的白话，事实也是这样，中国很早就实现文言与口语的分离，写用文言，但人们说的话其实都是白话，也就是白话本身就在生活中，用白话进行文学创作不是语言转型，只是作家放弃了用文言写作的方式，改用白话进行文学创作，恐怕这其中对民众的启蒙所占的促进因素会更大些，因为这样的作品更容易为更多的人所接受。中国文学似乎一直有这样的切换功能：从文言切换到白话，从白话切换到文言，在日常生活中说的都是白话，当写信或给皇上上书时，用的都是文言，言与文分离似乎是另一个话题，但这的确是事实，这种现象很长一段时间在我们的文化中存在着。语言给定的是认

① ［英］马琳诺夫斯基著，费孝通译：《文化论》，中国民间文艺出版社1987年版，第7页。

识世界的方式、途径或窗口，而不是给定了世界，人与世界的认识在语言产生之前就存在着，正是因为人不断地改变认识世界的方式才产生了语言，可能语言并不一定是人与世界对象之间唯一的媒介，在语言之前的时代是这样，现在和将来或许也一样。文学语言具有三位一体的特点：时代活语言的反映，时代全民语规范的反映，具体艺术作品的反映。

第三节　线索与方法

文化变迁正是基于社会学和历史学等学科学者们的多方探讨，给文学研究提供了广阔的社会背景，尤其是社会变迁势必会影响到文化的变化，作为对文化变化反应一直极其敏感的文学，确实有“春江水暖鸭先知”的征兆。黄仁宇和冯天瑜都从晚明的文学作品中找到了能够反映明代社会变迁的因子，并且作了清晰的分析。黄仁宇《从〈三言〉看晚明商人》中认为，“三言”非历史著作，但其所包括中国16、17世纪间社会史及经济史资料之丰富，并进而通过分析商人的资金运作、商业组织方式及社会政治制度等方面与西方社会的近代化进行了对比，得出当时中国社会的发展与资本主义萌芽之趋势相反的结论。① 冯天瑜《“三言”、“二拍”表现的明代历史变迁》从文化史的角度对“三言”和“二拍”中所反映的人物形象、价值观念和人生追求、婚恋模式以及城乡经济状况进行了细致的考察，指出“三言”和“二拍”对当时的社会“带有近代意味的

---

① 黄仁宇：《放宽历史的视界》，生活·读书·新知三联书店2007年版，第32～34页。

生活场景”的描述还是清晰的，揭示晚明社会的历史变迁在文学作品中有着生动的记录。① 当然，二位学者只是在文学作品上小试史学大家之牛刀，本意并不在文学，意在强化自身已有的观点，但这足以给文学研究以很大的启示。对于一个时代的通俗文学，比较适合从文化史的角度来进行研究，笔者试图从文化变迁的角度来阐释、解读“二拍”，“二拍”反映文化变迁方面主要选取三个社会视角：商业文化、宗教文化和心学思潮。将三个视角所反映的文化变迁综合起来考察，“二拍”所描绘的晚明文化图景呈现民间化、大众化、普及化的倾向，文学的审美情趣由雅变俗，文学语言的使用由文言向白话转变，文学描写的对象由帝王将相英雄神怪向普通民众的日常生活转变，而这些转变正好与社会的整体变化相一致，如果说，晚明是中国社会近代化的萌芽时期这一命题在社会学等领域成立的话，文学的近代端点也大体发轫于此。下面我们选择三个视角简要概括文化变迁在“二拍”中的展现。

一、商业视角：市民文化的萌发

商业活动扩大，经营队伍中大批文人士子加入，商业的影响力增强，商人的地位获得大幅度提升，经商理念推动社会思潮的变化，商业活动的频繁促进了城镇的发展，市民阶层力量壮大，对文化的需求带动文化向底层普及。将“二拍”整体来观照，“二拍”塑造了形形色色的晚明商人群体形象。“二拍”中涉及商贾形象的篇目其中初刻 13 篇，二刻 10 篇，共计 23 篇，占到“二拍”小说总篇数

① 冯天瑜：《“三言”、“二拍”表现的明代历史变迁》，见冯天瑜：《明清文化史札记》，上海人民出版社 2006 年版，第 43 ~ 66 页。

的近三分之一,故事所发生的年代多以明代为主,在有明确注明年代的篇目中,嘉靖、成化、万历三朝成为故事的主要时代背景,而这段时间也正是明代社会走向深刻变化的时期,市民阶层势力随着城市的繁荣而逐步壮大,商业和商人在社会中的影响日渐增强。"二拍"感时代之风气,在小说的叙事中也反映了当时的变化,用文学语言生动地记录了商业文化的变化过程。余英时曾引用韦伯的观点认为文化因素——如思想——也可以推动经济形态的改变。① 社会精神层面的因素如思想、观念、价值、文化等形而上的因素,与社会物质和实体会产生互动,相互影响,晚明心学的兴起对当时商业经济的影响也具有一定的推动作用。余英时在《中国近世宗教伦理与商人精神》一文中对商业与心学之关系有详实的论述。阳明心学从晚明社会四民之分界线渐趋模糊之现象立论,对商人的社会价值给予了充分的肯定:"四民异业而同道",商人地位获得提升,商人与士比肩,士商相杂,弃儒就商的趋势在社会中日渐增长,商人与士人身份的相互融合,阳明心学成为当时盛极一时的思想,士人多受其影响自不必说,其门下也有从商者,商业文化与心学相互交融成为自然而然之事,这一点在"二拍"中有着深刻的反映,有多篇作品涉及儒生经商的题材。儒家思想成为商业伦理的思想基础,商人阶层在不断扩大的过程中,需要学习大量的必备知识,同时,商人阶层嗜好的民间文学——戏曲和话本也越来越得以普及,引起士人的重视。

二、心学视角:儒学平民化的趋势

心学泰州学派倡导的儒学平民化,意味着思想文化转型,民间

① 余英时:《士与中国文化》,上海人民出版社1987年版,第444页。

社会自我意识提高，民间社会的文化活动亦日渐活跃，民间文化的主动表达和制作对精英阶层产生影响，二者之间有着互动和交融，文学和宗教面向发生转移，形成知识中心向社会底层移动的趋势。泰州学派高扬的“百姓日用是道”的思想旗帜与凌濛初所反复宣扬的“二拍”的创作主旨“事类多近人情日用”、“耳目之内，日用起居，其为谲诡幻怪，非可以常理测者固多”在描述主体的面向上，高度一致，都以百姓、普通民众和民间生活为对象，进行宣讲学说和劝诫教化。王阳明曾说：“你们拿一个圣人去与人讲学，人见圣人来，都怕走了，如何讲得行？须做得个愚夫愚妇，方可与人讲学。”①阳明心学一方面满足了士大夫阶层突出遵习前贤圣人学说的要求，另一方面，又适合大众精神层面的需要，在突出圣人之学的前提下，只是接受的方式不同，传习的方式也不一样。社会大众是需要有识之士去讲学的，但是讲学一定要重视方式、方法，阳明心学就是要让儒学伦理深入民间，实现普及和大众化的目标。

三、宗教视角：三教交融的民间信仰与宗教世俗化倾向

晚明时期的宗教活动对文化的变迁也起到了推动作用。“二拍”收录的 78 篇小说其中涉及寺院、法术、占卜、神仙鬼怪、道士僧尼等，初刻有 20 篇，二刻有 18 篇，合计 38 篇，几占一半。其中涉及寺院、僧尼的篇目有 20 篇（初刻 13 篇、二刻 7 篇），涉及道士、道教的篇目共计 10 篇（初刻 5 篇、二刻 5 篇），其他涉及祠堂、神仙法术、鬼怪等民间信仰的篇目有 8 篇。“二拍”以市民为主体展示了晚明时期的社会生活情况，小说中出现如此多的佛教、道教在民间

① 〔明〕王阳明：《传习录》三一三条。

生活中的描述,说明宗教在当时市民生活中的分布、作用以及影响,“二拍”中大量的宗教元素渗入到百姓的日常生活中,足见宗教在社会中发挥着各种各样的功能和作用。

四、研究方法:多元话语分析

从研究视角的社会变迁和文化反映中不难看出,晚明社会研究的取向已无可争议地转向多元综合的路途。傅衣凌指出,中国传统社会有多元结构的特点,在晚明时期表现出复杂的变化。他为我们描绘出一幅多元化的传统社会结构图像:生产方式的多元化、社会控制体系的多元化、财产权的多元化以及思想文化的多元化的社会全貌。① 文化的多元变化在语言中会有所反映。关于语言和社会变迁的研究,英国学者诺曼·费尔克拉夫的《话语与社会变迁》对其作了深入的分析。语言使用中的变化方式与社会文化联系紧密,语言分析与社会文化的研究结合也日趋紧密。在语言转向之后,费尔克拉夫努力地将语言分析和社会理论结合在一起,一方面是带有社会理论意义的话语,另一方面是处于语言学方向的话语分析具有文本相互作用意义的话语。

我们对文学语言的研究也应是多维度视角,多维度视角的出发点源自于文本的符号与接受者之间的关于文学的想象。语言或文本与世界之间有着接受作为符号的语言或文本的想象的转换,而想象是发散的,无边界的,因此,在语言和接受者之间有着大片的空白给了想象。阐释文学文本除了应该坚持寻找美的标准外,

① 傅衣凌:《中国传统社会:多元的结构》,《中国社会经济史研究》1988年第3期。

在理解和诠释上似乎很难找到一个能够达成共识的标准，不确定性和多样性几乎是经典文学作品的特质，而理解总在我们自己的视域和文本视域的融合中进行，这样的两种视域加上文学文本的复杂多样性，理解在出发时就具有相对性和多元性，“不存在所谓的语词和本源的恒定的意义，一切符号意义都是在一个巨大的符号网络中被暂时确定，而又不断在区分和延搁中出现新的意义。新的意义进一步在延搁中区分，在区分中延搁”。① 因此，本书希望借鉴社会学对语言（文本）的一种分析方法——多元话语分析，来尝试分析“二拍”文学语言描述下的社会文化变迁现象。

什么是话语分析？话语就是人们实际已经说出的东西，狭义地讲就是文本。20 世纪后半期在语言学、社会学、新闻学等学科领域中新兴的一种方法，即“话语分析”或“文本分析”法。就是要对那些实际已经说出来的东西到底是以一些什么样的方式以及按照什么样的规则被说出来和被传播的过程加以分析。在索绪尔那里，语言学就是要研究词法、语法，我们懂了词法、语法，就知道人们将要说什么，应该怎么说以及他们说得标不标准，没有必要去研究实际的言语行为。话语分析正好相反，多元话语分析就是要研究已经说出来的话，要探讨它为什么会被说出来、它为什么会以这样的方式说出来、为什么是在此时此地以这种方式被说出来。②

按照福柯的说法，话语分析的实质就是已经被说出来的话是怎么被生产、被流通、被分配的。话语分析是对实际使用中的言语

---

① 王岳川：《后现代主义文化研究》，北京大学出版社 1992 年版，第 91 页。

② 谢立中：《走向多元话语分析》，中国人民大学出版社 2009 年版，第 276 ~ 278 页。

过程加以分析，以探讨实际使用中的言语过程的形式和规则，如实际使用的话语的类型、话语的结构、话语的策略、话语遇到的规则。“实际上，人们对世界的一切感知、一切言说、一切书写，都是以特定的话语系统为前提的。离开了特定的话语系统，人们就什么也无法感受、言说和书写。在很大程度上，人们只能感受、言说和书写他（她）们的话语系统当中已经（显在或潜在）拥有的一切。人们所能够感受、言说和书写的一切，实际上归根结底只是从某个或某些特定的话语系统转换而来的关于客观或主观世界及客观或主观世界某个方面、某个部分的具体话语或文本而已，而不是什么客观或主观‘世界本身’。”①

通过这一点就可以比较容易理解古典小说或者拟话本小说，在走过一段时间的灿烂辉煌之后，为什么会出现难以维系的局面。在特定的话语系统中的书写，是话本与古典小说的主要环境，拟话本就是说书这一市民文化达到鼎盛后的产物。明末以后，说书在城市中的淡化，将这一套话语系统的生存基础动摇了，个人创作拟话本也就成了无源之水、无本之木，走向干涸是必然的。小说文本尤其如此，在话本小说中，作者依据的就是一套说书人的话语系统进行拟话本的创作。他对世界的一切描述可能是其生活当下的一种感受描写，也可能不是。拟话本的创作就是在假定说书人在场的情况下的一种创作，在叙事中作者与说书人有时合二为一，有时分开表达对同一事件的看法，因此，在这样的话语系统中的书写，可能都只是说书人的世界。关键是弄清楚各种陈述都是在一些什

① 谢立中：《走向多元话语分析》，中国人民大学出版社 2009 年版，第 34 页。

么样的话语系统之下建构起来的，并由此认识到从不同话语系统来看他们各自所具有的确定性和合理性。对于同一批资料文本，也就可以产生许多非常不同的理解或诠释，获得许多不同的分析结果，话语分析的结果永远也不会只有一种，而应该是也常常是多元化的。

话语分析的任务并不在于寻求某种唯一的最终可以得到公认的结果，反而恰恰在于去寻求对同一文本资料的不同理解。话语分析结果的多元化局面是在话语分析过程中应该努力去加以追求的目标或状态。这种对于话语建构和话语分析结果之多元化状态的自觉追求和认可，是多元话语模式。以往的话语分析基本上持一元论，通过分析能得到一个接近说话者主观的结果。多元话语分析试图将多元主义和话语分析结合起来，形成一种新的话语分析模式。面对文学文本，用话语分析就是尽可能地形成多种不同的阐释和解读，以扩大文本的表达张力。分析文本最重要的一点就是让更多的人对文学文本产生理解的愿望，为此多元话语模式或许可以提供多种理解文本的视角。如果能因用多元话语分析方法让更多的读者引起对于"二拍"的兴趣，未尝不是文学批评的收获。我们主张文本分析运用多元话语分析，就是希望能巩固不断产生的新理解，倡导应该允许多种文本解读的同时存在，并不排斥其他的解读结果跟我们的不同之处。

从多元主义的立场来进行话语分析包括：话语策略分析和话语构成规则分析等基本程序。多元话语分析在对晚明社会变迁进行分析时，都是在区域性、局部的方面进行观察和分析，来加深和感受对晚明社会的理解，用多元话语分析"二拍"中的晚明社会变迁的现象及领域，不是去还原或去印证历史上是否有过这样的变迁现象,也不是要支持或反对晚明社会是否具备资本主义萌芽的性质,而是获得对文本的另一种理解方式,以此来开阔文学研究的视野,努力使文学研究始终能够保持一种开放的多元的发展。在社会变迁的过程中多元地看待文学文本更具有丰富多彩的呈现。

如何进行“二拍”的多元话语分析呢?多元话语分析就是对文本所采取的话语策略及其社会效应进行分析,有四个方面的内容构成:描述对象、陈述模式、修辞策略、主题。[①] 将多元话语分析运用到“二拍”文本分析中,我们要确立“二拍”的描述对象,分析作者采用了哪些话语来描述被言说的对象,“二拍”重点描述的对象有哪些,以及“二拍”的陈述模式是什么,“二拍”的创作主旨涉及的主题内容是什么,此外,还有“二拍”的语言中使用了哪些修辞手法。比如“二拍”的陈述模式:说书的方式,拟话本的整体陈述(叙事)风格、方式,都是说书的,每一篇都按照固定的模式:对仗的篇名、开篇诗或词(78 篇小说中仅有一篇没有诗词)、入话、头回、正话、结尾诗词六个部分组成固定的陈述模式。“二拍”语言建构了一个文学的市民生活的世界。我们强调文本之外别无他物,在文学文本中,我们更应该追求各种小叙事,追求在同一时代文本的差异性,不因“三言”的存在而贬低“二拍”,要客观地看到二者的共性及差异性,“二拍”也有创新思想和叙事模式,具有局部性、地方性、族群性特征,带有明确的道德叙事意图。

---

① 谢立中:《走向多元话语分析》,中国人民大学出版社 2009 年版,第 289~290 页。

第四节　文献综述

自20世纪20年代"二拍"重新被发现以来,"二拍"的研究往往是和"三言"的研究并存,大体经历三个阶段:第一阶段(20年代~70年代末)早期研究者重点在作者生平、故事本事、版本整理考订等追本溯源的探讨;50年代以后,"二拍"完整的版本经过整理面世,得以重见天日。研究重点主要是思想内容方面,对"二拍"评价不高。研究处于低谷,主要是围绕如何对待文学遗产问题对"二拍"的评价。第二阶段(1980~1999年)全面展开时期。随着新时期改革开放带来的思想解放,对古典文学开始了新的评价。王立言、人民对于1949~1989年40年间"三言二拍"研究的成果作出了一个综合的评述(1993),王敏对20世纪最后十年的研究成果、60余篇研究文章也作出了梳理和评述(1999),第三阶段(2000年以后)是进入新世纪以来的研究。

第一阶段(20年代~70年代末)早期研究以溯源正本为主,"二拍"重新面世。

"二拍"的再发现首先归功于日本学者。1926年,日本的《斯文》杂志刊登了盐谷温的《关于明代小说"三言二拍"》一文;1928年又刊载了另一位日本学者长泽规矩也的文章《关于"三言二拍"》。日本学者的这些发现很快便引起了中国学界的广泛关注,这几篇文章给中日两国研究中国小说史的学者以很大的震动。20年代,鲁迅先生在撰写《中国小说史略》时就指出中国古代白话短篇小说的重要性,并在第二十一篇专门论述"明之拟宋市人小说及后来选本",并认为"三言二拍"在日本的发现在小说史上实为大事。①

其次,一些中国学者不断赴日访书,终于使"二拍"重见天日,流布国内。前清进士董康在1926~1936年间数度出访日本,并撰成《书舶庸谭》。其中抄录日本内阁文库所藏小说书目,冯梦龙编著的《古今小说》40卷、《醒世恒言》40卷、《喻世明言》24卷亦在其中。此外,郑振铎、王古鲁、孙楷第等人也先后东渡日本,将流传日本的一些"三言二拍"的版本抄录辗转回国。②《拍案惊奇》原刊本在国内早已亡佚,仅日本日光山轮王寺慈眼堂法库藏有一部尚友堂本,为天下孤本。1941年,王古鲁与日本学者丰田穰访书于日本日光山轮王寺,始知《拍案惊奇》原刊本尚存。1957年,上海古典文学出版社出版了王古鲁的《初刻拍案惊奇》校注本。至于《二刻拍案惊奇》,目前所见到的最完整的本子是藏于日本内阁文库的明尚友堂本。③

由于种种原因,国内对"三言二拍"的研究起步甚晚。1927年,范烟桥的《中国小说史》对其论述不足300字,还提到"《喻世》、《警世》,今不可见"。鲁迅的《中国小说史略》对"三言二拍"的介绍,也囿于手头资料的匮乏,留下了遗憾。随着日本学者对"三言二拍"原书的发掘,中国学者通过赴日访书、国内搜集等多方努力,使得"三言二拍"得以以较完整的面目再次面对中国的读者。

早期研究凌濛初的有:胡士莹、鲁迅、郑振铎、孙楷第、谭正璧

① 鲁迅:《中国小说史略》,浙江文艺出版社2000年版,第153~161页。

② 《清末民初中国学者东瀛访书纪事》,载《中华读书报》2001年5月16日。

③ 章培恒整理,王古鲁注释:《拍案惊奇·校点说明》,上海古籍出版社1985年版,第2页。

等学者。但限于种种原因,对“二拍”的评价普遍不高。鲁迅对“二拍”评价较低,但这是与《醒世恒言》比较而言的。他说:“《醒世恒言》版行之际,此适出而争奇,然叙述平板,引证贫辛,不能及也。”①20 世纪 30 年代初,郑振铎《中国小说提要》评《初刻》说:“他的《拍案惊奇》里,便也充满了文人学士的‘创作’的气息,一方面,多做作的笔调,多教训的辞语,一方面便立刻显出很不自然的‘拟作’的态度,全失了宋、元话本之流荡、自然的风格。在《拍案惊奇》的三十六篇话本里,风格精粹崇高的,可以说是很少很少……往往落于教训文字的窠臼,仿佛是劝世文、感应篇的白话故事解,不大像是纯粹的小说。”②又评《二刻》:“全书几乎弥漫了鬼气。”③胡士莹认为“从《二拍》的全部作品来看,思想倾向是反动的,作者是站在地主阶级立场上,替封建统治者进行说教。满纸淫词滥调,写作态度极不严肃”。④ 孙楷第认为“凌氏二书中,亦间有自旧本出者,唯十之八九为自著,实自著总集也”⑤,肯定了“二拍”的独创性。他又在《三言二拍源流考》中说:“凌氏的拟话本小说,得力处在于选择话题,借一事而构设意象,往往本事在原书中不过数十字,记叙旧闻,了无意趣。在小说则清谈娓娓,文逾数千。抒情写景,如在耳目。化神奇于臭腐,易阴惨于阳舒,其功力亦实等于创

① 鲁迅:《中国小说史略》,浙江文艺出版社 2000 年版,第 157 页。

② 郑振铎:《明清二代的评话集》,见《中国文学研究》(上册),人民文学出版社 2000 年版,第 376 页。

③ 郑振铎:《明清二代的评话集》,见《中国文学研究》(上册),人民文学出版社 2000 年版,第 380 页。

④ 胡士莹:《话本小说概论》,中华书局 1980 年版,第 473 页。

⑤ 孙楷第:《中国通俗小说书目》,人民文学出版社 1982 年版,卷三。

作。”①

50年代，一部分研究者关于“三言二拍”的研究带有鲜明的时代特色，重点集中在思想内容和艺术特色两个方面。但由于政治等原因，一直到70年代，“三言二拍”的研究呈现出或囿于成见或过分苛求的局面，有些时候否定的声音大大盖过了肯定的声音。对凌濛初生平较早作系统研究的有：叶德均，在20世纪40年代作《凌濛初事迹系年》，收入《戏曲小说丛考》（中华书局1979年版）。

第二阶段（1981～1999年）全面展开时期，新方法、新视点纷纷运用，“二拍”研究进入繁荣发展时期。

20世纪80年代以后，学术界对“二拍”的研究评价有所转变。王枝忠描述了凌濛初的生平事迹和思想、交友情况和创作“二拍”的情况。② 章培恒《试论凌濛初的“两拍”》认为，“二拍”所具有的晚明时代色彩较“三言”强烈。③ 魏同贤指出，从“三言”到“二拍”是一次重大的转变④。冯保善认为，“商品经济的发展，带来了作家创作动机的商品化倾向。商品经济的繁荣，新阶层的出现，又引起了世俗观念的变更，动摇了原有的社会秩序，产生了新的矛盾组合。这是晚明作家凌濛初的‘二拍’所给予我们的启示。”⑤张兵《凌濛初与二拍》提出肯定的观点：1.“二拍”为市民立言，把市民置

---

① 孙楷第：《沧州集》（上册），中华书局1965年版，第178页。

② 王枝忠：《明末著名的通俗小说家凌濛初及其〈拍案惊奇〉》，《中国古代、近代文学研究》1989年第12期。

③ 章培恒：《试论凌濛初的“两拍”》，见《文艺论丛》第17辑，上海文艺出版社1983年版。

④ 吕慧鹃、刘波、卢达编：《中国历代著名文学家评传》（第二卷），山东教育出版社1983年版，“凌蒙初”条。

⑤ 冯保善：《论“二拍”的现实意蕴》，《社会科学研究》1990年第4期。

于文学作品的中心，仅此一点也可表明它在话本小说史上应有的历史地位。2. 凌濛初尊情重欲，高扬人的个性，背离传统的封建婚恋观，为晚明文学增添了新的光彩。3. 凌濛初的思想钟情于新兴市民阶层。“二拍”忠实地记录了这个思想叛逆者对黑暗王国的揭露。4. 对程朱理学的批判，肯定人欲，抨击禁欲主义。书中对“二拍”的艺术性作了较全面的论述，称“二拍”形成了独特的、富有鲜明个性和无穷魅力的艺术风貌，其表现为：(1)诡谲幻怪，亦真亦诞。“二拍”中的人物几乎都有某种传奇色彩，可以说，它是一部晚明时代的“奇人传”。(2)委曲奇诧，巧夺天工。(3)摹写逼真，神情毕肖。(4)语多俚近，叙论结合。①

90 年代之后，对于“二拍”的研究有了进一步的深入。涉及比较研究的有李树果著《日本读本小说与明清小说——中日文化交流史的透视》(1998)将日本的《垣根草》与“三言二拍”进行了比较。王平著《中国古代小说文化研究》(1996)突出分析了“二拍”情爱作品的文化内涵。林大雄等著《中国古代商贾百态》(1997)分析了“三言二拍”中的商人。游友基著《中国社会小说通史》(1999)设专节论述“二拍”等明代拟话本。王增斌著《明清世态人情小说史稿》(1998)专章论述“三言”与“二拍”。焦文彬著《人欲与天理——元明清文学中人性的觉醒》(1992)一书论述了元明清政治与经济、哲学与文学思想的解放、价值观念的变革与人的价值的发现、如生的觉醒与呼声、做人与做官等，从人性的角度论述了“三言”、“二拍”中的市井群像和对科举制度的抨击。

王敏对 90 年代的十年间有关“三言二拍”研究进行了总结。

---

① 张兵：《凌濛初与二拍》，辽宁教育出版社 1992 年版，第 27～101 页。

他对这些研究成果从思想内容、艺术创作以及在海外的传播和研究等方面进行了概述。在艺术创作方面，借鉴西方的文艺理论，研究者开始注意小说语言运用白话和文言的差别是小说观念和小说形态的一次转变。研究者关注“二拍”中具有雅文学的因素。

第三阶段(2000～2010年)：新世纪前十年“二拍”研究综述。进入21世纪，对“二拍”的研究有了新的发展和长足的进步。在学术网站上(http://duxiu.com/)用“二拍”作为检索词进行检索，在结果中进行分类，在文学学科类别下的19种期刊中找到关于“二拍”研究的相关论文161篇，其中2000～2010年这10年间共有论文115篇，论文年份分别是：2010(10)，2009(21)，2008(24)，2007(17)，2000～2006(43)。期刊刊种包括：《明清小说研究》、《中国古代、近代文学研究》、《中国文学研究》等19种刊物。在所有社会科学类别下的刊物中找到“二拍”相关的中文论文196篇，其中2000～2010年这10年间共有论文133篇，论文年份分：2010(12)、2009(13)、2008(11)、2007(14)、2000～2006(83)。期刊刊种包括：美国《剑桥科学文摘》，国内核心期刊，《北京科技大学学报(社会科学版)》、《扬州大学学报(人文社会科学版)》等几十种高校学报。因此，新世纪前十年关于“二拍”的期刊研究论文大体在250篇左右。从数量上看，比20世纪的研究呈现迅猛增长的趋势，这十年可以说是“二拍”研究走向繁荣的十年。从研究内容上看，有对于“三言二拍”的选本研究。“三言二拍”作为古代拟话本小说的代表作，在明末至清代出现了14种选本，其中以《今古奇观》、“三言二拍”选本研究最为著名。这些选本可以分为三个时期，即明末清初时期、康乾时期和晚清时期。程国赋的研究较为深入，不仅探讨了“三言二拍”选本出现的历史原因以及选本所呈现的总体特征，①同时，还对“三言二拍”选本与原作之间从形象塑造、叙事艺术和语言文字等三个方面作出了比较研究。② 更进一步地，程国赋分析了明末以后的戏曲、小说作品中大量改编了的“三言二拍”话本与原作相比，出现了三个方面的变化，即“戏眼”的设置、构筑复线结构和更加注意剪裁与照应，而出现这种变化的原因在于文体的不同和创作主体的差异。③

对于“三言二拍”的作品结构所作的研究，秦军荣认为“三言二拍”中的所有198篇小说的情节结构分成单线式、复线式及环形三类，并且认为这种线型的共同特征形成的原因是受到了列传体与说话艺术双重影响的结果。④

对于“二拍”思想内容的研究。这是“二拍”研究的重心所在，也是积累成果较多的部分。主要包括“二拍”产生的社会背景，社会下层的市民心态的表现，精英知识分子阶层的思潮的发展等。学者共识地认为明代社会进入转型时期，资本主义生产方式开始萌芽，小说主要的描写对象是城市平民，他们的人生价值观念、婚恋观念以及商业观都出现了新的变化。⑤ 有学者认为虽然从艺术角度讲，“二拍”不失为好作品，但其在思想意境和教育意

---

① 程国赋、周彩虹：《三言二拍选本研究》，《暨南学报》2005年第2期。

② 程国赋：《三言二拍选本与原作的比较研究》，《明清小说研究》2004年第2期。

③ 程国赋、常毅：《三言二拍嬗变作品叙事结构研究》，《学术研究》2005年第5期。

④ 秦军荣：《论“三言二拍”的线型情节结构》，《语文学刊》2007年第5期。

⑤ 魏延山：《社会转型期的历史剖面解读——“三言”、“二拍”文学价值再探》，《吉林师范大学学报》2007年第3期。

义上多有缺失，有些观点和内容甚至充塞着黄色低级庸俗落后的趣味。①

"二拍"中的宗教性研究是一个新的视点。明代是中国宗教非常活跃的年代。明王朝政治上高度专制，但是文化上却宽容并蓄。不仅官方三教并进，而且民间宗教信仰亦进入了最为活跃和发达的时期。项裕荣论述了"二拍"中佛道教的融合。② 还有学者比较了中日市民之间宗教意识的差异。③ 对于"二拍"艺术特征和"二拍"语言方面的研究相对较少。有学者认为，"三言二拍"中创作出许多有吸引力的梦境，即虚实互渗梦境、奇隐语预示梦境、慨叹人生梦境等。这些梦境描写是在借鉴了唐传奇的基础上，加工润色而创作出来的，其把梦文学的发展推向了一个新的高度。④ 还有学者对于"二拍"给予后代作者的影响进行了研究，认为李渔从篇名、内容、结构方面对"三言二拍"进行了继承和发展，在小说理论上也是吸纳和融合了冯梦龙和凌濛初的创作思想而形成。⑤

通过对比学位论文，进入 21 世纪以来，对"二拍"的研究明显增多和深入。查找到与"二拍"相关的中文学位论文约有 77 篇，时间和论文分布如下：2010（6）、2009（11）、2008（8）、2007（13）、

---

① 边红星：《其意差，其文却佳》，《人民军队报》2004 年 2 月 28 日。

② 项裕荣：《九子母 · 鬼子母 · 送子观音——从"三言二拍"看中国民间宗教信仰的佛道混合》，《明清小说研究》2005 年第 2 期。

③ 王若茜：《中日市民宗教意识的差异——以"浮世草子"和"三言二拍"为中心》，《东北亚论坛》2006 年第 5 期。

④ 王福叶：《"三言二拍"对唐传奇梦意象的借鉴与发展》，《淄博师专学报》2009 年第 2 期。

⑤ 邓溪燕：《三言二拍对李渔拟话本小说创作的影响》，《湖南科技学院学报》2007 年第 6 期。

2000～2006(24)、1990～1999(3)、1980～1989(1)、1970～1979(1),其他(10)。其中硕士论文(71)、博士论文(2)。我们可以从数量上看出,2000年之前的“二拍”学位论文不足10篇,以硕士论文为主。学位授予单位及论文数量分别为:华中师范大学(4)、湖南师范大学(4)、陕西师范大学(3)、曲阜师范大学(3)、暨南大学(3)、香港大学(2)、苏州大学(2)、湘潭大学(2)、厦门大学(2)、南昌大学(2)、上海外国语大学(2)、北京师范大学(2)、浙江工业大学(2)、黑龙江大学(2)、University of Hong Kong (Pokfulam Road, Hong Kong)(2)、山东大学(2)、北京大学(2)、华东师范大学(2)、青岛大学(2)、福建师范大学(2)。

两篇博士论文的具体情况分别为:一是中国社会科学院研究生院2001年毕业的夏启发博士,题为《明代公案小说研究》,主要关注“二拍”中涉及公案类型题材的篇目;二是陕西师范大学2006年毕业的伏漫戈博士,论文为《“二拍”人物研究》,他将“二拍”中的人物分为以下几类:士人、商人、僧侣、官员、女性和各种江湖人物,对于各类人物进行了分类研究,从人物的经济活动、宗教信仰、婚恋观念以及生活方式等方面来分析人物性格特征的成因。①

综合硕士论文的研究,从美学风格上发掘“二拍”在题材蕴涵与叙述模式上有独到之处,具有奇美内涵和风格。② 从题材上研究的重在对“二拍”中商业和商人的研究,价值观方面,对比“三言二拍”的商业观以及作者冯梦龙、凌濛初通过作品所作出的对世俗与

① 伏漫戈:《“二拍”众生面面观》,陕西人民出版社2007年版。
② 王敏:《〈二拍〉的奇美风格》,曲阜师范大学2001年硕士论文。

传统、财富追求与社会群体秩序之间关系的思考作了系统的论述，①而商人们以商业作为自己的本业，在经商的活动中实现自己的人生价值，②有从商人的发家经历发掘当时商业文化的意蕴、经商理念、伦理以及文化心态。③

深入分析经商、婚恋、公案侠义、神鬼怪异等题材的文化意义，也有从"二拍"的思想性、文学性等层面展开论述，研究趋于细致，西方文学研究的方法引进与运用更加多样，研究队伍迅速壮大，研究成果积累众多。

在其他类别的明代文学研究中都有涉及"二拍"内容的研究，说明在明代的文学研究中，"二拍"已成为不可不说的话题，开拓领域，丰富内容，"二拍"研究和明代文学的研究形成了良性互动。吴光正所著《女性与宗教信仰》(2000)一书对"三言二拍"中的高僧与美女、"三言二拍"中的下凡历劫和"三言二拍"中的人鬼恋等三方面的内容，从信仰、传播和实践等角度揭示了宗教与女性的关系。邓绍基、史铁良主编《明代文学研究》(2001)一书用一节的内容专门论述了凌濛初及"二拍"研究。王昕著《话本小说的历史与叙事》(2002)是关于话本小说历史的论著，在书中将"二拍"作为拟话本成熟的标志作品，同时也指出在"二拍"之后拟话本开始走向衰落，并论述了"二拍"的艺术特征。丁夏著《咫尺千里——明清小

---

① 赵雪艳:《"三言""二拍"商业价值观研究》，中国海洋大学 2008 年硕士论文。

② 刘海涛:《"三言""二拍"中的商贾小说研究》，重庆师范大学 2006 年硕士论文。

③ 裴香玉:《三言二拍中的商人发家故事及其文化意蕴》，湘潭大学 2006 年硕士论文。

说研究》(2002)一书对明清时期十种有代表性的小说名著的创作与成书、作品的思想倾向与审美追求、小说人物形象与语言风格进行了深入分析，其中对“三言”与“二拍”有专章讲解。段启明编著《中国古代小说戏曲述评辑略》(2002)一书主要是按照历史顺序，排比各个时代或时期的小说与戏曲的文献资料，并简要加以梳理和论析，其中对凌濛初和“二拍”有介绍性述评。黄霖等著《中国小说研究史》(2002)一书从小说研究史的角度阐述中国小说研究的发生、发展的过程，以及过程中的人物、流派。本书将“三言二拍”放在了一起进行了介绍。方志远著《明代城市与市民文学》(2004)一书将“三言二拍”定为明代市民文学的代表，揭示了市民在文学传播、创作等方面中的作用和意义，分析了“三言二拍”中的市民人物，书中对“三言二拍”中的各类人物进行了数据分类和表格统计。吕小蓬著《古代小说公案文化研究》(2004)一书通过系统梳理、模式分析、个案分析以及文化分析等多种手段深入探讨、论述了古代小说“公案”的叙事特征与文化内涵。该书专门对“三言二拍”里的公案篇目进行了分析。邱绍雄著《中国商贾小说史》(2004)一书对“二拍”中的商贾小说进行了分析，旨在探讨中国商贾小说的思想意义和文学价值，从小说角度发掘中国传统的商人文化。王平主编《明清小说传播研究》(2006)阐述了明清小说的传播方式、传播者、接受者、传播效果的基本特征，其中有专章对“三言二拍”的传播进行了概述。

整体研究有崇“三言”抑“二拍”的倾向。“三言二拍”往往相提并论，但评价结果相距甚远。中国文论自古就有横向比较、硬分高下的习惯，李杜优劣论争执了上千年就是一例。“三言二拍”创作时间前后相继，凌氏对冯氏的跟风学习，借鉴模仿自不必说，学界崇“三言”抑“二拍”倾向的主要外部原因有：一、选本的影响。“三言二拍”出来之后不久就有选本问世，将其中的精华汇集，如抱瓮老人所编的《今古奇观》40 卷选本，将“三言”中的 30 卷和“二拍”中的 10 卷汇编成集，流布于世，影响颇大。在这本颇有代表性的选本中，“三言二拍”的轻重比例一眼就知。随着后世“三言二拍”（尤其是“二拍”）在流传中的散佚又曾遭禁毁，“二拍”很长一段时间国内没有全本，不为世人所知，直到 20 世纪 20 年代在日本发现尚友堂刻本的“二拍”，才算完璧。之前对“二拍”的了解多有受选本的影响，未能一窥全貌，学界存有崇“三言”抑“二拍”的倾向在所难免。二、鲁迅的影响。鲁迅先生在 20 世纪 20 年代讲述中国小说史时对“二拍”评价道：“丁卯为天启七年，即《醒世恒言》版行之际，此适出而争奇，然叙述平板，引证贫辛，不能及也。”①鲁迅对中国小说史的研究用力颇深，此作也备受后来研究者推崇，加之以先生在建国后的地位使得这一论断很长一段时间成为至评。三、李自成的影响。有这样的说法其实纯属让李自成背黑锅，但确实与他有很大的关系。这一段公案源自郑龙采所撰凌濛初墓志铭②，据此，凌氏为抵抗李自成而死，与人民为敌，负隅顽抗死不改悔，遂成为与农民起义顽抗到底的封建文人的代表，在很长一段时间里，受到贬斥。当然，还有个“三言”在前“二拍”在后的问题。综上所

---

① 鲁迅：《中国小说史略》，浙江文艺出版社 2000 年版，第 157 页。

② 《别驾初成公墓志铭》记载：崇祯中，以副贡授上海丞，署海防事。清盐场积弊，擢判徐州，居房村。治河时，何腾蛟备兵淮、徐，御流寇，慕其才名，征入幕。献《剿寇十策》，又单骑诣贼营，议以祸福，贼率众来降。腾蛟曰：“此凌别驾之力也。”上其功于朝，授楚中监军佥事。不赴，仍留房村。甲申正月，李自成薄徐境，誓与百姓死守，曰：“生不能保障，死当为厉鬼杀贼。”言与血俱，大呼“无伤百姓”者三而卒。众皆恸哭，自死以殉者十余人。

述，崇“三言”抑“二拍”的一些历史原因造成的影响大体如此，虽然这种倾向在比较二者在文学上的意义和价值也有所蔓延，但笔者认为简单的优劣比较实不可取，多方位、多角度的对比是深入研究的途径与方法，“三言二拍”并举，自然各有千秋，比较不是为了分优劣、排座次，而是将文学研究的百花齐放、百家争鸣进行到底，让更多的读者了解、喜爱经典作品，喜爱中国文学，能够至于此，实为学术幸事，也是芸芸学人一大幸事。

关于“二拍”传播海外研究，学者有专门著述，如暨南大学程国赋的《三言二拍传播研究》(2006)，山东大学王平主编的《明清小说传播研究》(2006)第八章专门论述“三言二拍的传播”等。国外对于明代话本小说的研究从十八世纪就开始了，但是仅仅是在作品集中对个别回目进行选编和收录，并且对于“三言”的关注更多。杜哈德编著的《中华帝国全志》，1735 年由巴黎勒梅尔西埃出版社出版，这也是中国古典小说首次被介绍到西方。“三言”故事的最早俄、英、德译文，都是从《中华帝国全志》中由法文转译的。[1] 国外对于“二拍”的研究值得一提的是日本。在 18 世纪末就有了《古今小说》的全译本，但是真正的研究是从 20 世纪初开始的。“三言二拍”在中国从清朝就失传了，但在日本却很好地保留了下来。进入 20 世纪，首先在日本发现了“三言二拍”的原本书籍，盐谷温、长泽规矩也等学者是最早开始研究的。日本学者对于“二拍”的研究比较重视其对于日本独有的文学题材“读本小说”的影响，同时对于“二拍”的研究主要集中在文本艺术特质、思想内容等方面。1965 年东京平凡社出版的《中国八大小说》收录有关于“二拍”的

① 王丽娜:《中国古典小说戏曲名著在国外》，学林出版社 1988 年版。

研究文章,1978 年,东京评论社出版了小野四平的《中国近代白话短篇小说研究》,有关于"二拍"的研究论文。①

西方学者对"三言二拍"的研究主要集中在"三言二拍"的本事来源、著作权归属等方面,其中《中国话本小说》(Chinese Vernacular Story, 1981 年坎布里奇出版社出版)对"三言二拍"的著作权、成书过程以及艺术特质等诸多问题进行了研究,是西方对于"二拍"研究的突出成就。20 世纪 70 年代,美国学者浦安迪和韩南成为研究"三言二拍"的佼佼者。1973 年,韩南的《中国短篇小说研究:时期、作者、作法》出版,80 年代,韩南出版的《中国白话短篇小说》对"二拍"作了精彩的论述,并对凌濛初进行了介绍,成为研究中国传统短篇小说的扛鼎之作。美国人德尔 · R. 黑尔斯(Dell. R. Hales)的博士论文《拍案惊奇:文学评论》(1964)论述了"二拍"中的主题、人物特点、故事来源以及作品的修辞手段等。② 除了西方及日本学者对于"三言二拍"的研究之外,韩国学者和台湾学者对于"三言二拍"也有一定的研究成果。③

---

① [日]小野四平著,施小炜等译:《中国近代白话短篇小说研究》,上海古籍出版社 1997 年版。

② 王平:《明清小说传播研究》,山东大学出版社 2006 年版,第 703 ~ 704 页。

③ 吴光正、温孟孚:《"三言"、"二拍"在国外的传播、接受、研究状况》,《文史知识》2002 年第 7 期。

第二章

“二拍”语言通俗化的转变

第一节 论“二拍”语言特色的整体性

刘勰认为“文变染乎世情，兴废系乎时序”，“时运交移，质文代变”。① 文学是语言的艺术，文学依靠语言来反映世界，从文本研究文学，就是从语言来探讨文学。语言是文学研究的第一入口。我们就是从这个入口进入“二拍”，深入顺应时代变化的需要，“二拍”的语言采用的是民间文学的主体表达形式——白话。文学是语言的艺术，语言为文学的头等大事，“二拍”所采用当时小说的流行语言形式，成为一个自给自足的完整的结构体，从而创造了一个虚拟的独立世界。晚明商业渐趋发达，市民阶层日渐壮大，市井生活渐趋繁华，各种娱乐在市民日常生活中受到追捧，整个社会发生了深刻变化，迎合市民口味的话本、戏曲活跃起来。赵士林从美学的角度对晚明社会作出了分析，他指出，明代市民文艺的发展有两个新

① 刘勰：《文心雕龙·时序第四十五》。

的动向，一是由雅到俗，二是从情到欲，审美趣味"从情到欲，与心学异端的自然人性论完全合拍，紧相呼应，共同构成了那个时代最突出的文化现象。"①"二拍"中描述的五光十色的人生情态与价值取向，已展示了社会转型的时代风貌。将凌濛初的"二拍"放在中国文学整个话本小说史上考察，他以一人之力描绘了晚明社会的百态世相，整体来说，他的创作独一无二，在话本小说语言的整体风格上无人能出其右。阅读实践不是去确定文本的意义，也不是去搞清楚文本的意思，在德勒兹看来，意义不是阅读可以发现的东西，意义不是我们有意识地决定、阐释或通过理论凭直觉发现的东西，意义是一个虚拟层面或整体，被一个与我们对抗或粗暴对待我们的预测的文本所打开。"二拍"的 78 篇小说所建构的一个晚明图景交织着各种各样的生活色彩，在真实与虚幻之间，带给我们更多的就是语言的一次狂欢。

从用文言写作到用白话写作，作者的语言运用得到了一次解放。科考上要求的八股的束缚，正统文学诗歌的言志大义的表达方式，戏曲严格的唱腔唱词的规定性，更为舒服的是摆脱了说教的内容要求，不用担心官府对小说内容的深究，不用担心内容不符合朝廷的旨意，因为小说就是一个说话的本子，只在勾栏瓦肆中流传，甚至由于不关乎教化，作者将小说的创作演变成一场语言的狂欢，个性的宣泄也仅仅是在途中，在人性自由需要表达的途中。"二拍"应该被视为作家有意识地运用当时的通俗语言较为自由地表达自己思想和个性意识的结果，"二拍"的语言体现的既是作者风格，也是作者的语言个性。作者的人生是屡屡不得志的，是失意

① 赵士林:《心学与美学》，中国社会科学出版社 1992 年版，第 155 页。

的，但是在小说的创作中他获得了自由意志的充分表达：对官场腐败的批判揭露和冷嘲热讽，对科场舞弊的深恶痛绝，对自己怀才不遇的自怜自赏，对程朱理学的不满，作者都在小说中表达出来。二刻卷十二《硬勘案大儒争闲气　甘受刑侠女著芳名》说的就是对宋代大儒朱熹的嘲讽：

> 就是圣贤，也要偏执起来，自以为是，却不知事体竟不是这样的了。道学的正派，莫如朱文公晦翁。读书的人那一个不尊奉他，岂不是个大贤？只为成心上边，也曾错断了事。晦庵道是仲友风流，必然有染。况且妇女柔脆，吃不得刑拷，不论有无，自然招承，便好参奏他罪名了。谁知严蕊苗条般的身躯，却是铁石般的性子，随你朝打暮骂，千捶百拷，只说："循分供唱，吟诗侑酒是有的，曾无一毫他事。"受尽了苦楚，监禁了月余，到底只是这样话。晦庵也没奈他何，只得糊涂做了不合蛊惑上官，狠毒将他痛杖了一顿，发去绍兴。另加勘问。

作者通过小说这种人们喜闻乐见的艺术形式，借小说中诸种人物之口把自己的个性思想统统都表达了出来，这不能不说是作者语言上的胜利，精神上的胜利。自由表达，对礼教及圣贤大儒的诋毁和揶揄，官场黑暗的揭露和嘲讽，科场的不满和愤懑等，成为按照自我兴趣进行的语言盛宴。

陈平原从小说叙事模式的角度对比了文言小说和白话小说，他指出两者都"有其难以克服的弱点。文言小说题材新颖，想象力丰富，文字简洁，有的还趣味隽永，但以简古的文言述俗事，叙述还可以，描写可就勉为其难了。再加上文言小说受儒家正统文学观念影响更深,始终只被认为不登大雅之堂的'小道',很难有大的发展。故尽管文言小说家代有传人,清代甚至繁荣了一阵,推出《聊斋志异》这样的杰作,但始终成不了大气候,中国小说的主流还是不能不推白话小说……可白话小说也有不容忽视的弱点——那就是那件脱不掉的说书人外衣。文言小说书面化程度高,可以采用限制叙事、倒装叙述”。① 对于小说来说,叙事模式固然重要,在小说现代化的进程中,叙事模式的转变起着重要的作用。但推动叙事模式转变的因素还有小说语言的使用选择——白话还是文言。本书也仅是在考察白话小说“二拍”的创作中,关注“二拍”运用通俗语言的社会意义,以及小说观念的改变,进而关注与此相关的文化变迁的问题。

凌濛初对每一篇小说的主题意义的阐释多是单向度的,他对社会政治、伦理道德、宗教等问题,都有其个人立场,并且他常常借小说中的人物之口或直接在小说中以作者的态度表达个人观点,大段地发表议论,虽然有不择时机、不分场合的过度宣讲,但也形成“二拍”的主题旨意的统一和稳定的特点,受凌濛初自有的价值观的影响,他在“二拍”中宣扬自己一套忠孝节义的儒家观念,但也不时流露出僵化的单向度的取向,如取材上的个人偏爱,文言小说是他小说取材的府库,他按照自己的意见和看法组织以往的材料和当下搜集的新奇佐谈之事,在每一篇小说的头回或正话里的几个小故事里,凌濛初都会用较为鲜明的主题将故事串联起来,虽然形式简单,但也清晰明了,显示出圆滑的整体性。初刻卷四十《华

① 陈平原:《中国小说叙事模式的转变》,北京大学出版社 2003 年版,第 278 页。

阳道独逢异客　江陵郡三拆仙书》将科场中的几个故事串联起来，无论是从中榜和不中榜的结果进入，主题都是关于命运的注定——对命运捉弄人的困惑的表达。纵观整个“二拍”的主题，归结起来有一种是凌濛初特别青睐的：宿命与因果报应。因果报应几乎是每一篇的基调，因此，主观意图的强烈单一使得他对小说材料的控制清晰紧凑，但却造成平庸和缺乏想象的主题先行，在主旨劝诫的引导下，压抑了个性的发挥。凌濛初的缺憾被鲁迅先生一语中的：“丁卯为天启七年，即《醒世恒言》版行之际，此适出而争奇，然叙述平板，引证贫辛，不能及也。”①好在晚明变化万千的世俗社会给他提供了千奇百怪的俚俗世界图景，尚奇的创作观和刻板发行的先进的商业运作模式，让凌濛初获得了成功，“二拍”成为了拟话本的代表。

简单对比一下“三言”和“二拍”的语言，在通俗化方面，“二拍”更接近日常用语，白话更为成熟。例如，“三言”经典之作《杜十娘怒沉百宝箱》一文中的杜十娘临死前斥骂李甲的一段话：“妾风尘数年，私有所积，本为终身之计，自遇郎君，山盟海誓，白首不渝。前出都之际，假托众姊妹相赠，箱中韫藏百宝，不下万金。将润色郎君之装，归见父母，或怜妾有心，收佐中馈，得终委托，生死无憾。谁知郎君相信不深，惑于浮议，中道见弃，负妾一片真心。今日当众目之前，开箱出视，使郎君知区区千金，未为难事。妾椟中有玉，恨郎眼内无珠。命之不辰，风尘困瘁，甫得脱离，又遗弃捐。今众人各有耳目，共作证明，妾不负郎君，郎君自负妾耳！”②语言整体风

① 鲁迅：《中国小说史略》，浙江文艺出版社 2000 年版，第 157 页。

② 〔明〕冯梦龙：《警世通言》卷三十二，人民文学出版社 1956 年版，第 475 页。

格文人气息鲜明，颇有骈俪色彩。对比语言的作用，“二拍”相较“三言”在白话的运用上更为深入。

第二节 从雅到俗的语言转变

雅与俗是一对相生相伴的美学范畴，雅俗观是一个动态的互动过程，一直存在着相互转化的潜在性。雅的体系中有雅正、雅致、典雅、文雅、淡雅等之分，俗的体系中有鄙俗、粗俗、淫俗、庸俗、浅俗等之分。雅俗早期的对立是在音乐的分类上，先秦时期分雅乐、俗乐，先秦之后雅俗之分过渡到诗、赋等文学审美的要求上，主要的区别在于代表着不同的社会阶层，雅是精英阶层的审美意识，而俗是大众百姓的审美意识，有上层、下层之分。晚明时期的雅俗之变主要是指通俗小说登上文学的大堂，成为精英阶层竞相奔走投入的领域，创作、评论、刊刻等都有文人士子趋之若鹜。白话小说创作趋于成熟，大批白话小说经典诞生。

“二拍”是短篇话本小说的经典，雅俗转化的代表。“二拍”是凌濛初独立创作的文学作品，虽然故事多有所本，大都取自文言小说和笔记，凌濛初取材的书籍包括《太平广记》、《剪灯新话》、《夷坚志》等文言小说，谭正璧和孙楷第都有详实的关于本事来源的考证。但是，故事的本事所占比例很小，不对“二拍”的语言整体特色构成影响，“二拍”语言整体风格一致性和个人独创性自然存在。这种语言风格的一致性一方面是“二拍”所运用的行文方式相对较为固定，成为话本达到成熟时期的范式；另一方面是取材集中，初刻多取自《太平广记》，二刻多出自《夷坚志》，而且所取每一篇故事的来源完整单一。如此，也便于“二拍”在短时间内成书付梓。“二拍”的语言同时也是文人创作小说的语言选择，正如巴赫金所说，“文学作品不应被看做古代文献，从语言的角度理解文学作品”，文学研究的是言语整体，即被传统语言学所排除的那些活生生的言语，这对文学研究来说，“恰好具有头等的意义”。① “二拍”所使用的白话，应该被当做晚明社会市民阶层所使用的活生生的言语的文学运用，有着雅俗共赏的特性——文人气和市民味融为一体，既被文人所采纳、加工，又受到市民的喜爱的语言。

“二拍”取材多为日常生活，人物对话自然会占较大的比重，作品的形象很大程度上要通过人物对话体现。如初刻卷一中波斯商人看到文若虚海船上的海龟壳之后与众人的一段对话，在篇中就起到设置悬念、引起情节转折、推动故事发展、塑造人物性格的作用。引录如下：

> 主人登舟，一眼瞅去，那舱里狼狼犺犺这件东西，早先看见了，吃了一惊，道：“这是那一位客人的宝货？昨日席上并不曾见说起，莫不是不要卖的？”众人都笑指道：“此敝友文兄的宝货。”中有一人衬道：“又是滞货。”主人看了文若虚一看，满面挣得通红，带了怒色，埋怨众人道：“我与诸公相处多年，如何恁地作弄我？教我得罪于新客，把一个末坐屈了他，是何道理！”一把扯住文若虚，对众客道：“且慢发货！容我上岸谢过罪着。”众人不知其故，有几个与文若虚相知些的，又有几个喜事的，觉得有些古怪，共十余人，赶了上来，重到店中，看是如何。

① ［俄］巴赫金：《陀思妥耶夫斯基诗学问题》，见钱中文主编：《巴赫金全集》（第五卷），河北教育出版社1998年版，第236页。

> 只见主人拉了文若虚，把交椅整一整，不管众人好歹，纳他头一位坐下了，道："适间得罪！得罪！且请坐一坐。"文若虚也心中镬铎，忖道："不信此物是宝贝，这等造化不成？"主人走了进去，须臾出来，又拱众人到先前吃酒去处，又早摆下几桌酒，为首一桌，比先更齐整。把盏向文若虚一揖，就对众人道："此公正该坐头一席。你每枉自一船的货，也还赶他不来。先前失敬！失敬！"众人看见，又好笑，又好怪，半信不信的，一带儿坐了。酒过三杯，主人就开口道："敢问客长，适间此宝可肯卖否？"文若虚是个乖人，趁口答应道："只要有好价钱，为甚不卖？"

在众人眼里的滞货由于被波斯商人看到先是吃惊，紧接着就要问卖不卖，而且通过再次宴请重新订座次，给文若虚赔罪，让人感受到悬念骤起、疑惑丛生，悬念和情节在是否买卖大龟壳的讨价还价中一步步走向深入，直到买卖成功最后谜团才得到解答，这一切都是通过对话实现的，在对话中，人物的性格也都表现出来了。

关于雅俗的分界，似乎雅指什么比较清楚，如诗经中的大雅、小雅，先秦时期的雅乐，孔子对雅乐的赞美："乐则《韶》《舞》，放郑声，远佞人。郑声淫，佞人殆。"①对于雅乐相对的郑声则是深恶痛绝："恶郑声之乱雅乐。"②从以上论述我们可以看出对于"雅"的内容与范围特征等还是比较清楚的，但与雅相对的并不是"俗"，是"郑声"，俗并不一定等于"郑声"，俗与雅联系在一起主要体现在对于审美的理解。本书所指雅俗，无褒贬之分，主要从三个方面加以

---

① 《论语·卫灵公》。

② 《论语·阳货》。

区别，一是社会阶层的精英知识分子与底层市民百姓审美取向之分，二是文体选择之诗词古文与话本、戏剧之分，三是语言的使用之分——文言和白话。与其作无谓的高下之分，不如将雅俗之变理解为从原生态向仿生再造的一种流变，在文学史上，大多数的文体都有此过程。如《诗经》之国风及乐府、词、曲等，源自民间，形成于文人之手精致化的过程，郑振铎对这种文体流变作了准确生动的描述："当民间发生了一种新的文体时，学士大夫们起初是完全忽视的，是鄙夷不屑一读的。但渐渐的，有勇气的文人学士们采取了这种新鲜的新文体作为自己的创作的形式了，渐渐的这种的新文体得了大多数的文人学士们的支持了。渐渐的这种的新文体升格而成为王家贵族的东西了。至此，而他们渐渐的远离了民间，而成为正统的文学的一体了。"①从原创到再造的关系来理解话本由民间说书到文人拟话本的传承关系，雅与俗就可以解释为文人创作和民间流传之关系。赵士林运用马克思异化观点对这种关系进行了深刻揭示："社会底层的平民大众创造了全部精神文化的物质载体，他们同时也直接地创造了全部精神文化的原始形态，但在漫长的中古封建社会，劳动的异化性质却使他们从物质到精神都遭受着严重的剥夺。"②这种观点指出文体创新由民间阶层向贵族精英阶层流转的趋势，这种趋势晚明时期体现得比较明显。明中叶后，统治阶层对文学的禁锢渐趋松弛，社会思潮也渐趋活跃，传统的文学价值发生了转变，雅与俗区分不明显，从文体上看，就是文人阶层转而对杂剧和话本小说等俗文学的重视。冯梦龙提出"最

① 郑振铎：《中国俗文学史》，商务印书馆 2005 年版，第 2 页。

② 赵士林：《心学与美学》，中国社会科学出版社 1992 年版，第 183 页。

浅最俚亦最真”，徐渭甚至说越俗越雅，李贽在《童心说》中说：“诗何必古选，文何必先秦。降而为六朝，变而为近体，又变而为传奇，变而为院本，为杂剧，为《西厢记》，为《水浒传》。”更是抹煞了诗文与戏剧小说的界限，更不必说雅俗的区分。虽然有些偏激和笼统，但是由于李贽在晚明的影响，他的观点也不容忽视。刘勰在《文心雕龙》通变中提出文章文风不偏于质，也不偏于文，在雅俗之间也要找到平衡，要“斟酌乎质文之间，而隐括乎雅俗之际，可与言通变矣”。在中国文学传统中，雅与诗、文、辞、赋等文体相连，是指由文人创作、流传于精英阶层的主流文学形态。而俗则与之相对，指那些来自于底层的小说等文学样式。

“二拍”虽然所用语言为当时的白话，但在创作中仍不免有文人骈俪之语，书卷之气。试举一例：卷八《乌将军一饭必酬　陈大郎三人重会》写那陈大郎看到乌将军的面貌吃了一惊，有一段描写：“那个人生得身长七尺，膀阔三停，大大一个面庞，大半被长须遮了。可煞作怪，没有须的所在，又多有毛，长寸许，剩却眼睛外，把一个嘴脸遮得缝地也无了。正合着古人笑话，髭髯不仁，侵扰乎其旁而不已，于是面之所余无几。”面部胡须很重，“你道是怎生模样？但见：身上紧穿着一领青服，腰间暗悬着一把钢刀。形状带些威雄，面孔更无细肉。两颊无非不亦悦，遍身都是德辅如”。两句话颇有掉书袋的味道。

卷十《韩秀才乘乱聘娇妻　吴太守怜才主姻簿》中的一段话颇有文人气，又有口号，又有对联，还有八股文、谜语、一首词，纯属文字游戏一般。摘录如下：

却说那梁宗师是个不识文字的人，又且极贪，又且极要奉承乡官及上司。前日考过杭、嘉、湖，无一人不骂他的，几乎吃秀才们打了。曾编着几句口号道:“道前梁铺，中人姓富，出卖生儒，不误主顾。”又有一个对道:“公子笑欣欣，喜弟喜兄都入学;童生愁惨惨，恨祖恨父不登科。”又把“四书”几语做着几股道:“君子学道，公则悦;小人学道，尽信书。不学诗，不学礼，有父兄在，如之何其废之?诵其诗，读其书，虽善不尊，如之何其可也?”那韩子文是个穷儒，那有银子钻刺?十日后发出案来，只见公子富翁都占前列了。你道那韩师愈的名字却在那里?正是:似王无一竖，如川却又眠。曾有一首《黄莺儿》词，单道那三等的苦处:

无辱又无荣，论文章是弟兄，鼓声到此如春梦。高才命穷，庸才运通，廪生到此便宜贡。且从容，一边站立，看别个赏花红。

那韩子文考了三等，气得目睁口呆，把那梁宗师乌龟亡八的骂了一场，不敢提起亲事。那王婆也不来说了，只得勉强自解，叹口气道:娶妻莫恨无良媒，书中有女颜如玉。①

---

① 注释:上述中“道前梁铺”四句是骂提学梁士范的话。“道”指“提督学道”，即提学衙门。“梁铺”谓是姓梁的开的店铺。“中人”，此中之人，指提学;“姓富”是说喜财。“生儒”，指秀才。“童生”——凡应生员(秀才)考试的人，不论长幼，统称“童生”，也叫“儒童”。“四书”指《论语》、《孟子》、《大学》、《中庸》四部儒家经典著作，从这几部书中选出的句子组成几股，指“八股文”中的几股。八股文是明代科举考试规定的文体，由破题、承题、起讲、入手、起股、中股、后股、束股等八部分组成，其中自起股至束股，每段都要排比对偶的两股文字，这样便成了八股。八股文的内容必须依据“四书”等儒家经典来进行论述，上面所做的几股文字即是。“似王”二句均指“三”字，明代岁考，一、二等者有赏，四等以下者受罚，三等是属于中间的，所以下边词中说“无辱又无荣”。“廪生”句:廪生，生员的一种，资历较深，由官方给予生活补贴。“贡”，指贡生，入国子监读书的生员，可直接参加“会试”，不属本府、州、县生员。这可是说像韩子文这样无钱贿赂主考的廪生，只宜先考选贡生，以摆脱地方主考官的刁难。“娶妻”二句语出宋真宗赵恒《劝学篇》。

这一段文字，几乎将古代文人常用的诸多文体都搬了出来，文人气息浓郁。

第三节　论“二拍”语言的幽默品质

幽默是增加小说可读性的重要手段，“二拍”语言来自民间，有着浓郁的生活气息，幽默与生俱来。初刻卷六中，卜良听到秀才娘子晚间约会他，形容他“听得，头颠尾颠，恨不得金乌早坠，玉兔飞升。到得傍晚，已自在贾家门首探头探脑，恨不得就将那话儿拿下来，望门内撩了进去”。这一段话将卜良的丑态描画得活灵活现，语言幽默生动。二刻卷二十二《痴公子狠使噪脾钱　贤丈人巧赚回头婿》形容一干人等酒足饭饱的描写：“这家子将酝下的杜茅柴不住的烫来，吃得东倒西歪，撑肠拄腹。”初刻卷六《酒下酒赵尼媪迷花　机中机贾秀才报怨》中赵尼姑说话用的俗语“阴沟洞里思量天鹅肉吃”、“慢橹摇船捉醉鱼”，都是生活经验的总结，使得小说极具生活气息，既表意充分，又形象生动。形容一个人没什么用处，“种火又长，拄门又短”，比喻是块不成器的木料，用来烧火或作顶门棍都不中用。还有如俗语“现钟不打，反去炼铜”，意思是舍近求远，现成的机会不去利用，反要从头做起。二刻卷二十四《庵内看恶鬼善神　井中谭前因后果》说一个人借了别人钱不想还债，“常只是这些说话，推三阻四，一千年也不赖，一万年也不还”。二刻卷二十八《程朝奉单遇无头妇　王通判双雪不明冤》写李方哥拿着程朝奉的银子给老婆，陈氏拿到手来看一看，道：“你男子汉，见了这个东西，就舍得老婆养汉了？”李方哥道：“不是舍得，难得财主家倒了运来想我们，我们拚忍着一时羞耻，一生受用不尽了。而今总是混帐的世界，我们又不是甚么阀阅人家，就守着清白，也没人来替你造牌坊。落得和同了些。”陈氏道：“是倒也是。”这一段夫妻两个的对话极俱生活气息，活脱脱地把李方哥见钱眼开的小市民嘴脸刻画得活灵活现。二刻卷三十五《错调情贾母詈女　误告状孙郎得妻》公差变起脸来道：“匾大的天，凭你掇出掇入的？人命重情，告了状，又说是不死，你家老子做官，也说不通！谁教你告这样谎状？”二刻卷十三《鹿胎庵客人作寺主　剡溪里旧鬼借新尸》中知县为了替刘家寡妇孩儿断家产，生出一计，这段对话很幽默，权且录下：知县叫牢内取出一名盗犯来，密密分付道：“我带你到一家去，你只说劫来银两，多寄在这家里的。只这等说，我宽你几夜锁押，赏你一顿点心。”贼犯道：“这家姓甚么？”知县道：“姓赖。”贼犯道：“姓得好！好歹赖他家娘罢了。”知县立时带了许多缉捕员役，押锁了这盗犯，一径抬到这赖家来。二刻卷四中，写一段饮酒作乐，写得很生动：“是夜游好闲就陪着饮酒。张贡生原是洪饮的，况且客中高兴，放怀取乐。那游好闲去了头，便是个酒坛。兴歌老在行，一发是行令不犯，连觥不醉的。”

“二拍”中善于用市井民间的顺口溜或小曲来表达人物感受或心情，充满了世俗的幽默。二刻卷十《赵五虎合计挑家衅　莫大郎立地散神奸》中吴兴城里去了祸害人的五个无赖“五虎”，小民多是快活的，做出几句口号来：铁里虫有时蛀不穿，钻仓鼠有时吃不饱，吊睛老虎没威风，洒墨判官齐跌倒，白日里鬼胡行，这回儿不见了。二刻卷十四中吴宣教在和赵县君的交往中受到诱惑，书中描述他见不到赵县君的心情：“真是一点甜糖抹在鼻头上，只闻得香，却舔不着，心里好生不快。有《银绞丝》一首为证：前世里冤家，美貌也人，挨光已有二三分。好温存，几番相见意殷勤。眼儿落得穿，何曾近得身？鼻凹中糖味，那有唇儿分？一个清白的郎君，发了也昏。我的天那，阵魂迷，迷魂阵。”用一首曲子写出吴宣教的感受。

能够体现“二拍”语言幽默的还有作品中大量使用的俗语。俗语的开头往往会有“人云”“殊不知”“怪道”“岂不闻”“所谓”“常言道”“自古道”“古语说”等，以下为“二拍”中大量的俗语选摘。有些俗语生动形象，富有生活气息。比如，怕见的是怪，难躲的是债。本待将心托明月，谁知明月照沟渠！正是：鳌鱼脱却金钩去，摆尾摇头再不来。形容有的人不知深浅，不知进退，正是：猪羊入屠户之家，一步步来寻死路。正是：乌鸦喜鹊同声，吉凶全然未保。今日捉将官去，这回头皮送了。正是：浑身是口不能言，遍体排牙说不得。对于阴错阳差的有这样的一个比喻说法：从前作事，没兴齐来。乌狗吃食，白狗当灾。安排扑鼻香芳饵，专等鲸鲵来上钩。双手撒开金线网，从中钓出是非来。

劝诫类的俗语是比较多的，对各种生活中的现象概括总结的俗语在“二拍”中会多次出现。如这几句话：长将冷眼观螃蟹，看你横行得几时。又道是：隔墙须有耳，门外岂无人？怎知：量大福亦大，机深祸亦深。白酒红人面，黄金黑世心。败子回头好作家。自古妻贤夫祸少，应知子孝父心宽。入门休问荣枯事，观看容颜便得知。茶为花博士，酒是色媒人。强中更有强中手，得便宜处失便宜。正是：美色他人自有缘，从傍何用苦垂涎？请君只守家常饭，不害相思不损钱！自古道：清酒红人面，黄金黑世心。正是：善恶到头终有报，只争来早与来迟。正是：人生莫作妇人身，百年苦乐由他人。怎当得：天有不测风云，人有旦夕祸福。俗语说得好：宁可无了有，不可有了无。欢娱嫌夜短，寂寞恨更长。又道是：世情看冷暖，人面逐高低。正是：闭门家里坐，祸从天上来。却似：分开八片顶阳骨,倾下半桶雪水来。有缘千里能相会,无缘对面不相逢。

有些俗语对人情世故的概括,现在还在使用,如以下的句子:天不生无禄之人,地不长无名之草,古人云:不是一番寒彻骨,怎得梅花扑鼻香?正是:蓦地鱼舟惊比目,霎时樵斧破连枝。正是:十年不识君王面,始信婵娟解误人。正是:常言道:一家饱暖千家怨。正是:哑子漫尝黄柏味,难将苦口向人言。正所谓:一叶浮萍归大海,人生何处不相逢?正是:远不远千里,近只在眼前。正是:世情看冷暖,人面逐高低。任是亲儿女,还随阿堵移。

在"二拍"中反复出现的一个主题,那就是个人与系统之间的冲突,其结果使自由意志的问题日见彰显。混沌和复杂性理论非常适宜地为此辩题增加了几层复杂性,并使我们得以用比迄今为止更加科学的方式,来看待小说中关于自由意志和个人身份的问题。因果报应似乎是一种机械的思维和行为模式,若在小说中运用得当,则可以增加故事的紧凑感和可读性。个人受制于命运无常的安排,因为个人是渺小的,而命运与系统是强大的。

第四节 "二拍"语言通俗化的话语分析

初刻出来后受到欢迎,鼓励了凌濛初再次创作,并且很快出了二刻,可以说这是一次通俗语言的胜利,在诗歌与古文占据主流话语前台的当时,"二拍"用当时的通俗语言——白话成功地让大众接受了这样一种表达,凌濛初的精英身份所推动的让自身的阶层接受这种表达是一次国人对生活方式看法的改变:说话也是可以娱乐的,语言和文字所创造的游戏可以吸引很多人的关注,不仅仅是勾栏瓦舍的市民，当时的很多士人也都对话本小说趋之若鹜。文化阶层的代表在接受白话小说的同时，意味着知识领域的扩大和对整个周围世界认识的刷新。德勒兹认为，“文学理论的任务应该是打破对先验的屈从。这需要做两件事。其一，不存在理论这种东西。不存在可以用以评判生命的享有特权的支点或源点。理论概念和倾向是存在的，但是如果这些东西变成了‘一种’理论，那它们就失去了进行理论化的力量，即超越已给定的意象进行思考的力量。我们不能试图走出生命整体去建立一个理论和思考的支点，而应该去创造概念，如德勒兹关于欲望的概念，这样的概念使我们把生命作为无限复杂的、非人类的、造成差异的、开放的整体来思考。第二，我们不能把语言当作某种‘能指’，由主体(或文化)用来表征和决定世界，而需要将语言看作一种与其他符号一起流动的符号，本身有效又具有生产性却并非有意义的符号。我们不能通过问这文本的意思是什么或它想表达什么(好像文本是通向世界的一种途径似的)来解读文本，我们应该看看文本作为生成的事件、本身作为一个‘世界’做了些什么。”①德勒兹的阅读是一种接触阅读：这一文本是如何作用于思考的？通过“二拍”以及其后的大量模仿作品流行于世，至少从作品的写作技法来看已有部分的知识阶层跳出了由文言设置的知识和思维的怪圈。按照海德格尔“语言是存在的家”②的说法，凌濛初的“二拍”以及同时期通俗小说的大量创作，似乎可以被描述为一次“建设另一个存在的家”

① ［英］沃尔弗雷斯编著，张琼、张冲译：《21 世纪批评述介》，南京大学出版社 2009 年版，第 306 页。

② ［德］海德格尔著，孙周兴译：《在通向语言的途中》，商务印书馆 1997 年版。

的过程,虽然很小的工程,但在白话的滥觞中,部分文化的代表阶层已迁入了一个新的家园。

巴赫金提出,文学理论研究要与文化研究相结合,文学作为文化的组成部分,如果被置于文化语境之外,那将是不可理解的。"不应该把文学同其余的文化割裂开来,也不应像通常所做的那样,越过文化把文学直接与社会经济因素联系起来。这些因素作用于整个文化,只是通过文化并与文化一起作用于文学。"①对于民间文化,巴赫金有其独特的认识,他认为"民间文化在其发展的所有阶段上,都是同官方文化相对立的,并形成了自己看待世界的独特观点和形象反映世界的独特形式。"②晚明之前,精英们一直在强调"存天理灭人欲"的宋明理学,其实在市民中间一直有世俗文化在发展、蔓延,人们口口相传"奇谈怪事""神仙鬼怪""僧尼侠盗"等故事,"三言"中的故事在被冯梦龙编辑整理成书之前早在民间广为流传,这些故事在勾栏瓦肆中被诉说、被喜爱,甚至流传到宋高宗的深宫大内之中,民间文学的这种特点恰恰印证了巴赫金所说的这是没有边界、不受限制的全民都可以参加的平民文化——"狂欢文化",全部是生活的实际存在,是生活的本身形式,话本在民间的喜闻乐见见证着普通市民的"狂欢"的一刻。

巴赫金的话语的对话性(对话关系)是他话语理论的核心。从现代语言学角度来看,对话和独白是两种言语形式。巴赫金将之引申为对话性和独白性。对话性指人的意识和行为对别人、周围

① [俄]巴赫金:《答〈新世界〉编辑部问》,见钱中文主编:《巴赫金全集》(第四卷),河北教育出版社 1998 年版,第 364 页。

② [俄]巴赫金:《拉伯雷与果戈理》,见钱中文主编:《巴赫金全集》(第四卷),河北教育出版社 1998 年版,第 7 页。

世界的开放性,与别人平等交流的积极性,对别人行为的回应性以及善于使别人对他的行为作出反应的主动性。话语的对话性,指的是言语主体之间立场、观点和意向的互应互答性。① 文学话语尤其是小说话语的特殊性恰恰就在于在一个声音中可以融入其他人的声音,在一个主题的话语中能够包孕他人话语及其意向,从而形成合声。即巴赫金所称的"双声语",一个声音包孕其他声音的三种情况:第一,仿效他人话语。"二拍"作为拟话本的代表,最典型的就是言语体裁风格对话本的模仿和仿效。中国的白话小说和古典小说都有这样的仿效,主要是仿效说书人的语言风格,但仅是语言形式的仿效,并不涉及或不保留他人的意识、立场和意向。作者话语独立出现时,是对自己立场、意识的宣讲,在"二拍"中可以看到,就是作者以叙述人的角度表达自己的立场和观点,二刻卷一开卷如是说:"话说上古苍颉制字,有鬼夜哭,盖因造化秘密,从此发泄尽了。只这一哭,有好些个来因。假如孔子作《春秋》,把二百四十二年间乱臣贼子心事阐发,凛如斧钺,遂为万古纲常之鉴,那些奸邪的鬼,岂能不哭?又如子产铸刑书,只是禁人犯法,流到后来,奸胥舞文,酷吏锻罪,只这笔尖上边几个字,断送了多多少少人!那些屈陷的鬼,岂能不哭?至于后世以诗文取士,凭着暗中朱衣神,不论好歹,只看点头。他肯点点头的,便差池些,也会发高科、做高官;不肯点头的,遮莫你怎样高才,没处叫撞天的屈。那些呕心抽肠的鬼,更不知哭到几时,才是住手。可见这字的关系,非同小可。况且圣贤传经讲道,齐家治国平天下,多用着他不消说;即

① 凌建侯:《巴赫金哲学思想与文本分析法》,北京大学出版社 2007 年版,第 123 页。

是道家青牛骑出去，佛家白马驮将来，也只是靠这几个字，致得三教流传，同于三光。那字是何等之物，岂可不贵重他？每见世间人，不以字纸为意。见有那残书废叶，便将来包长包短，以致因而揩台抹桌，弃掷在地，扫置灰尘污秽中。如此作践，真是罪业深重。假如偶然见了，便轻轻拾将起来，付之水火，有何重难的事，人不肯做？这不是人不肯做，一来只为人不晓得关着祸福，二来不在心上的事，匆匆忽略过了。只要能存心的人，但见字纸，便加爱惜，遇有遗弃，即行收拾，那个阴德可也不少哩！"

这些都是作者的语言，是单声语，表达了作者的立场，对文字、纸张的认识。尊重字、纸，不关故事，不关人物，只是主旨。"双声语"的一个声音包孕其他声音，还有一种情况是对他人话语的折射，就是并不直接回应，而是在暗中映射他人的意识。这种体裁在"二拍"的语言风格中应用较广。话语说不上有客体性，但隐约有客体的影子。"每见世间人，不以字纸为意。见有那残书废叶，便将来包长包短，以致因而揩台抹桌，弃掷在地，扫置灰尘污秽中。如此作践，真是罪业深重。"这段话就是对客体意识的回应："不以字纸为意……罪业深重"。在"二拍"的语言中，作者的话语和人物的话语交替出现的语境随处可见，作者自己的声音和他笔下人物的声音主从消长变化构建了新兴白话小说的语言模式。作家塑造的主人公、叙述人，既可以处于与其他主人公或作者形象的对话关系之中，也可以处于与听众和观众的对话关系之中。

凌濛初在序言中谈到创作"二拍"要存雅道，破陋习，有为世俗立规矩的教化意味，另外，对市面上流行的话本，带有一定的鄙视，认为其中"沟中之断芜，略不足陈已"。正如巴赫金所说："文学不单是对语言的运用，而是对语言的一种艺术认识（如同语言学对它的科学认识一样），是语言的形象，是语言在艺术中的自我意识。”①通俗文学受到精英阶层的热捧，选择拟话本体裁进行文学创作，选择本身就意味着白话文的胜利，也是白话小说自身发展决定的。白话小说经过宋元话本的漫长流传，表达形式越来越丰富，越来越吸引人，最终受到文人的关注和采纳，中国文学中的诗、词、戏曲等文学形式的变迁从民间到精英阶层的接受都有相似之处，这种选择也受到群体价值取向即体裁的暗示和制约。白话小说正是明代小说的言语体裁。巴赫金认为，每个言语体裁都代表着人们对现实世界的一种视角，一种思考方式，隐含着根据语境而选用体裁的价值评判，换言之，题材本身就代表群体对事物或现象的共同社会评价。白话小说在晚明受到精英阶层的选择是对现实世界的一种认识视角的选择，是文人对市民生活的再认识，对城市生活的选择，其实当时的文人多已选择在繁华的大城市生活：冯梦龙、凌濛初在科场失意后，都寓居南京多年，在白话小说发展的过程中，发扬中国古典文学的一贯传统：吸收词、曲、戏剧等文学话语诸形式的成分，不断地向民间汲取营养，从宋元一路走来，在晚明形成一套成熟的言语体裁，凌濛初正是使用这一套言语题材创作了富有时代特色的“二拍”。

“二拍”语言的流动主要表现在从文言到白话的切换，文本的生成本身成为“一个事件”的象征。单就语言的切换而言，中国文学从诗的时代向散文的时代转向这一文学现象，在中国文学自我发展中，元代以降就在发生着，到了明清，叙事文学——小说戏剧

① ［俄］巴赫金：《文学作品中的语言》，见钱中文主编：《巴赫金全集》（第四卷），河北教育出版社 1998 年版，第 269 页。

登上了大雅之堂，产生了四大名著，从明清小说的发展我们可以看出，文学语言的白话程度有一个非常明显的渐进过程。从四大名著之一、最早产生的《三国》到晚明的《金瓶梅》，从半文半白、文白相杂到语言的口语化，虽然没有完全做到日常的全面白话化，但明清小说的白话发展自有其规律和过程，到了五四时期，借着西学东渐之风，加速这一进程的迫切要求是很有必要的，但要把从文言到白话的转换完全归之于“采纳了西方较先进的知识系统和文化系统”，似乎是对我们传统文学自我发展的漠视，即使没有五四的白话运动，传统文学也会走出一条白话的道路，当然可能会慢一点，曲折一些，但历史的发展已经揭示了这一点。

“二拍”作为一个完整的“世界”，本身具有教化和娱乐的双重意图，因此，“二拍”的语言能够体现游戏的真谛。“二拍”的语言体现了娱乐性，暴露出语言所具有的游戏面目。“二拍”的人物和语言整体是在尚奇的创作思想主导下，“文不足征，意殊有属。凡耳目前怪怪奇奇，当亦无所不有”，说出的话语具有强烈的指向性，在“二拍”的叙述过程中，我们可以深切地感觉到，读者或听众始终在场，这样的氛围让作品时不时地流露出似真似假的戏剧色彩，有时叙述者煞有介事地告诉你一个似乎是历史真实，入话时常用到这样的手法，用一个历史上似乎确凿的事实开始讲述，将听者引入到真实的语境中，引出下一个话题，下一个话题是真是假就带有很大的游戏成分：叙述者想让接受者接受这是一个真实的内容，但叙述者是清楚的，在叙述中，他的劝诫、忠告和教化的语言都是充满诚意的，我们以初刻卷二《姚滴珠避羞惹羞　郑月娥将错就错》为例。本卷开篇说到历史上面貌相同的真实，举了孔圣人的例子。“正书上面说，孔子貌似阳虎，以致匡人之围”，又举了“传奇上边说，周坚死替赵朔,以解下宫之难”。继而讲述了宋代有人冒充柔福公主的故事,并且在讲述中郑重其事地说了一通正理:“面貌相像,骗了一时富贵,享用十余年,后来事败了的。”结果是冒充的人下场很惨。“天理不容,自然败露!”进入正话部分,叙述者“再说一个容貌厮像,弄出好些奸巧希奇的一场官司来”,以追求稀奇为心理暗示,让我们看到叙述者的娱乐和游戏心态在接下来的故事中活跃其中。

第三章

“二拍”语言个性化写作的转变

第一节　说书式的语言表达与小说观

总体来看，凌濛初的小说观是尚奇和关风。他并没有系统地论述小说创作，他的观点主要散见于小说的序言、小引和文本中，他在“二拍”的序言中明确地表示要写“耳目之内”的奇事，并将小说集的名称定为拍案惊奇，尚奇的小说创作观可见一斑。在为《二刻拍案惊奇》作序的睡乡居士赞中对凌氏的小说创作观给予肯定：“其人奇，其文奇，其遇亦奇”，“今小说之行世者，无虑百种，然而失真之病，起于好奇。知奇之为奇，而不知无奇之所以为奇。舍目前可纪之事，而驰骛于不论不议之乡。如画家之不图犬马，而图鬼魅者，曰：吾以骇听而止耳。夫刘越石清啸吹笳，尚能使群胡流涕解围而去。今举物态人情，恣其点染，而不能使人欲歌欲泣于其间。此其奇与非奇，固不待智者而后知也。”此说可以视为凌濛初尚奇的主要观点。

晚明时期小说观有了新的进展。从分析《三国志演义》到《水浒传》再到《金瓶梅》,题材从英雄史诗转到了世俗生活,小说成为一种开放性很强的文体,之前的种种文体都可以在小说中展现,在面对日常生活的描写时,小说的优越性得以充分展现:饮食男女、柴米油盐等在小说里都可以描写得淋漓尽致。语言方面,“二拍”保存着鲜活的口语、谚语、俚语、歇后语等百姓日常用语。话本以模仿说书人的方式被表达出来,说书的方式以及与之相关的小说创作方式与古代人对小说的看法有关。这是一次文学观念的变迁,是俗文学对雅文学的一次超越与突破。整个文学不仅在小说上如此,在戏剧上亦如此。“实际上,人们对世界的一切感知、一切言说、一切书写,都是以特定的话语系统为前提的。离开了特定的话语系统,人们就什么也无法感受、言说和书写。在很大程度上,人们只能感受、言说和书写他(她)们的话语系统当中已经(显在或潜在)拥有的一切。人们所能够感受、言说和书写的一切,实际上归根结底只是从某个或某些特定的话语系统转换而来的关于客观或主观世界及客观或主观世界某个方面、某个部分的具体话语或文本而已,而不是什么客观或主观‘世界本身’。”①由此反观拟话本小说在走过一段时间的灿烂辉煌之后陷入了难以维系的状况就似乎容易理解。话本抑或是拟话本是说书流行的产物,有着特定的话语系统书写。在话本小说中,作者依据的就是一套说书人的话语系统进行拟话本的创作。他对世界的一切描述可能是其生活当下的一种感受描写,也有可能不是。拟话本的创作就是在假定说书人在场的情况下的一种创作,在叙事中作者与说书人可能有

① 谢立中:《走向多元话语分析》,中国人民大学出版社 2009 年版,第 34 页。

时合二为一,有时分开表达对同一事件的看法,因此,在这样的话语系统中的书写,可能都只是说书人的世界。话本小说是在市民文化的发展环境中创作和繁荣的,在拟话本全面文人化的晚明时期达到了鼎盛。明清易代,说书在城市中逐步淡化,说书这一套话语系统的生存基础动摇了,话本小说没有找到其他的表达方式来代替说书的话语方式进行创作。清政府思想控制禁锢,大兴文字狱、连续颁布禁毁书目,"三言二拍"在禁毁之列,加之没有了市民的需求,商业刊刻大量减少,文人参与的积极性不高,个别创作的拟话本也就成了无源之水、无本之木,话本小说走向干涸是必然的。

在"二拍"中,凌濛初多次在篇名、开头、正话之间或结尾处使用"奇""稀奇""奇怪"等字眼。例如初刻卷二《姚滴珠避羞惹羞　郑月娥将错就错》:"今日再说一个容貌厮像,弄出好些奸巧希奇的一场官司来。"二刻卷二《小道人一着饶天下　女棋童两局注终身》:"千里姻缘,天生一对,也是一段希奇的故事,说与看官每听一听。"笔者作过统计,凌濛初的"二拍"中明确有关于小说"奇""怪""希奇""罕见"一类的评价故事的就有一半以上。更有在篇名中即已指明其尚奇的写作特点,如初刻中的《刘东山夸技顺城门　十八兄奇踪村酒肆》、《唐明皇好道集奇人　武惠妃崇禅斗异法》等篇目皆是。之所以有如此创作理念,主要原因是话本小说的说书形式所致。

晚明拟话本的创作产生了一个认识小说语言的观点:"话须通俗方传远,语必关风始动人","通俗"、"关风"是对小说艺术形式和思想内容的要求,形式上的通俗指采用了当时广大群众喜闻乐见的话本小说形式,"关风"强调小说"劝世"、"戒世"的功能,用普通大众听得懂的语言讲出处事做人之理,发挥劝勉、告诫、警示等教化作用。“话语”具体到语言上，就是小说的语言力求让市民、普通百姓听懂看明。作家在小说语言的选择上自觉地追求通俗，能够让更多的人听懂、看懂、喜爱。同时讲究小说的故事性。“二拍”把编一个好故事作为艺术追求，追求小说语言的新奇，故事的尚奇，精巧的故事并非面壁虚构出来的。这些作品中的人物是为故事而设的，大都受到广大读者的欢迎。

“二拍”个性化写作亦表现在单向度的主题态度。在“二拍”收录的78篇小说中，凌濛初借讲故事的间隙，有时甚至是直接以作者的身份跳出来发表大段的评论和议论，畅谈对社会秩序、道德观念、宗教问题、官场政治、民计民生等问题的看法，这些个性化的议论在整个“二拍”中呈现出一致性。请看下面的一段话，二刻卷一《进香客莽看金刚经　出狱僧巧完法会分》，本来是写对字纸的爱惜，入话中已经发表了一大段爱惜字纸的议论，整篇都是对爱惜字纸的人的褒奖，认为爱惜字纸的人有好报——升官的升官，长寿的长寿，荫及子孙。但在正话开始时，说到当时正在饥荒需要赈灾，凌濛初以作者的身份发表了一通议论：

> 且说嘉靖四十三年，吴中大水，田禾淹尽，寸草不生，米价踊贵。各处禁粜闭籴，官府严示平价，越发米不入境了。元来大凡年荒米贵，官府只合静听民情，不去生事。少不得有一伙有本钱趋利的商人，贪那贵价，从外方贱处贩将米来。有一伙有家当囤米的财主，贪那贵价，从家里廒中发出米去。米既渐渐辐辏，价自渐渐平减。这个道理，也是极容易明白的。最是那不识时务执拗的腐儒做了官府，专一遇荒，就行禁粜、闭籴、平价等事。他认道是不使外方来了本地米去，不知一行禁止，

就有棍徒诈害。遇见本地交易，便自声扬犯禁，拿到公庭，立受枷责。那有身家的怕惹事端，家中有米，只索闭仓高坐。又且官有定价，不许贵卖，无大利息，何苦出粜？那些贩米的客人，见官价不高，也无想头。就是小民私下愿增价暗粜，惧怕败露，受责受罚，有本钱的人不肯担这样干系，干这样没要紧的事。所以越弄得市上无米，米价转高。愚民不知，上官不谙，只埋怨道："如此禁闭，米只不多；如此抑价，米只不贱。"没得解说，只囫囵说一句"救荒无奇策"罢了。谁知多是要行荒政，反致越荒的。

从这一段议论我们可以看出，凌濛初对饥荒赈灾的具体举措有自己的认识，他认为现实的饥荒一半是天灾，另一半是"不识时务执拗的腐儒做了官府"的人祸造成的，他对此深以为痛。在对腐儒讽刺揭露的字里行间，流露出一身抱负无处施展、怀才不遇的愤懑，正是这股不平之气，每每激发凌濛初在叙事中控制不住激荡胸臆，抛开叙述者讲故事之责，发出大段的评论与看法。凌濛初自认不是一个腐儒，并对自己的才干有相当的自负，当然事实证明凌濛初的自负是有根据的——他在晚年为官期间"署海防事，清盐场积弊"，有治河经验，晚明兵乱时献《剿寇十策》，是一个颇有政务能力之人。正是基于自己入世经历屡屡受阻，凌濛初在文学创作中不时会做一番宣泄——"二拍"的劝诫告世主题指向明确由来于此。

第二节　诗言志的创作指向

中国小说受到中国诗歌的诗骚传统的影响，主要体现在作品的审美趣味等内在的倾向上，突出情调和意境，强调即兴和抒情；在形式上，引诗骚入小说的艺术特征——“有诗为证”的小说入话和结尾的咏诗结束的表达特征。中国是一个诗的国度，而且在出现唐传奇、宋元话本、戏剧等文学形式后，诗歌一直都居于文学的正宗地位。中国的诗歌绝大部分又以抒情的诗骚传统为中心形成了强大的向心力，其他任何文学形式都不能不受这一传统的影响。话本小说中存在大量的诗词不单是显示作者的博学，同时也可以提高作者的身价，登高能赋可以为大夫。于是，在小说的叙事中，作者的主观情绪时有出现，针对某一问题发表看法，有“诗言志”的指向，杂诗或韵文其间，自有一股浓郁的抒情气质，如果吟诗作赋得当，有利于人物刻画或故事情节的渲染，自有其美学功能，《红楼梦》中所穿插的诗词等，就有其不可抹煞的美学价值。一曲《葬花吟》堪称黛玉的人生和理想信念的宣言，感人至深。作为一个传统，诗词在小说中自有其产生和存在的价值，引用诗词在中国小说中的存在直到近代才改变。近世作家对古典小说中运用诗词颇多微词，茅盾的观点颇有代表性：在人物的出场处来一首西江月或一篇古风，“实在起不到什么美感”。[①] 鲁迅先生也十分关注小说中诗词韵文，并有较为深入的研究。他在研究梁史平话时说：“全书叙述，繁简颇不同，大抵史上大事，即无发挥，一涉细故，便多增饰。状以骈俪，证以诗歌，又杂诨词，以博笑噱。”[②]他还注意到了宋元小说中篇首和入话中的诗词的作用，指出小说中诗话词话一体：“今尚有《大唐三藏法师取经记》及《大宋宣和遗事》二书流传，皆首尾

① 茅盾：《自然主义与中国现代小说》，《小说月报》13 卷 7 号，1922 年。
② 鲁迅：《中国小说史略》，浙江文艺出版社 2000 年版，第 83 页。

与诗相始终,中间以诗词为点缀,辞句多俚,顾与话本又不同,近讲史而非口谈,似小说而无捏合。"①中国古代白话小说在最初发展过程中,借助讲唱的传达、表演手段,形成了话本存在大量诗词韵文的原因,如《大唐三藏取经诗话》每章必有诗,故曰诗话。

诗歌对小说的影响还表现为诗歌抒情特性对小说的影响。明清小说通过对真善美的褒、对假丑恶的贬,表现出作者的价值判断和情感态度。小说中的人物、环境,无不笼罩在一定的情感氛围之中。古典小说抒情方式与现当代小说抒情方式不同,现当代小说往往通过独立的抒情片断抒情,古典白话小说,直接以诗句抒情,这正是由于诗歌抒情手法对小说的渗透。古典小说中的开篇诗、收笔诗、行文中插诗,都是作家情感态度的直接表达,对小说情感氛围的烘托起着十分重要的作用,因而最能够引起读者感情的共鸣。

诗词韵文是一种对常规逻辑话语的革命性背离,虽然诗词韵文的结构本身是诗的散文释义,几乎可以是任何性质的逻辑话语,可以表达适合于逻辑话语的任何内容。尽管在"二拍"中的这些诗词韵文大多是些押韵版的道德说教文,缺乏诗的意境和意象,但道德说教并非某一类文体所独有,它可以完全成为散文的内容,也可以完全用散文的形式来表现,况且大量的诗歌并不包含道德的内容。诗词韵文作为一种话语的根本是本体性的,诗词韵文表现现实生活的一个层面,反映客观世界的一个等级,而对于这样的一个层面和等级,科学话语无能为力。衡量诗词在小说中的作用和质量,要看其与小说内容的联系,倘若诗词韵文是故事情节的有机组

① 鲁迅:《中国小说史略》,浙江文艺出版社 2000 年版,第 87 页。

成部分，而且如果诗词能增加故事和人物的情致意趣，提高了小说美学品格，诗词韵文的运用就是高质量的。“二拍”中具有大量用于议论的诗词韵文，篇首、篇尾一般都有诗词。胡士莹认为，篇首“诗词的作用可以是点明主题，概括全篇大意；也可以是造成意境，烘托特定的情绪；也可以是抒发感叹，从正面或反面陪衬故事内容”。[①] 卷一开篇词为朱敦儒的《西江月》：日日深杯酒满，朝朝小圃花开。自歌自舞自开怀，且喜无拘无碍。　　青史几番春梦，红尘多少奇才？不须计较与安排，领取而今见在。先是引用朱敦儒的词，然后再说点题诗：“从来希有，亘古新闻。有诗为证。诗曰：分内功名匣里财，不关聪惠不关呆。果然命是财官格，海外犹能送宝来。”此诗的作用是对文若虚官运发达的宿命写真。

第三节　“二拍”语言的诗性意蕴

诗性，简单地说就是诗的品性，诗歌的特性，广义地说是指与逻辑性相对的艺术性和审美性。而学理意义上的“诗性”则是一个文化人类学概念，语出维柯《新科学》，特指原始人类在思维方式、生命意识和艺术精神等方面的特性。[②] 中国文学本身所特有的品质就是诗性文化的思维方式和生存方式，无论在古代文学中的哪一种文体中，诗性都如遗传基因一般或隐或现地存在，即使是小说——文言小说还是白话小说都有这样的品性因子。诗性，并非仅仅是诗的语言。应该是指诗的精神充沛于行文之间。诗性，这

① 胡士莹：《话本小说概论》（上册），中华书局 1980 年版，第 135 页。

② 李建中：《中国古代文论诗性特征研究》，武汉大学出版社 2007 年版，第 1 页。

种在想象和哲学思考之间游荡的态度，不仅蓄于诗，更呈现为一种人的生活态度。如李贽评《水浒传》之言：若令天地间无此等文字，天地亦寂寞了也。[①] 我们研究“二拍”的语言特点，一方面要注意作为小说文体所蕴涵的作者诗性精神与品质之内核，另一方面，要关注诗的样式类型的韵文在小说中的作用。“二拍”中诗词、韵文的分类有诗、词、曲、歌、赋、骈文以及对句、俗语等各种形态，从数量上看颇为可观。据笔者统计，“二拍”中共有诗约 300 首，形式主要以五言、七言绝句为主，少量四言、六言及歌行诗篇。内容多是对小说故事中的人和事的评价和点题。“二拍”中共有词 55 首，用了 25 个词牌名，常用的有西江月、黄莺儿、满江红等词牌。四六韵文共有 87 篇，主要是对人物形象、所见景物的描写，延续着赋的传统，描摹状物、写景抒情。此外，在韵文中还有对于俗语的引用，共用了 45 句，有的俗语多次使用。

“二拍”中的诗词、韵文以及像诗词韵文的段落或句子存在于每一篇小说中。在每篇故事中加入大量的诗词，是中国古典小说的一个鲜明的特点。起因源于登高而赋为大夫的诗骚传统，诗歌在中国古代文学史上始终处于正统地位，形成中国文化的特有的一种诗性文化精神。原因之二，小说产生之时，诗词艺术表现手法业已成熟，小说学习和借鉴诗赋的艺术表现手法，增强艺术表现力，便成为相当自然和正常的事情。国人有意为小说始于唐代传奇。唐人善诗，写小说之余顺手行之歌咏，间有清新脱俗之作。杨慎在《升庵诗话》卷八“唐人传奇小诗”条有“大有绝妙今古，一字

① 李建中：《中国古代文论诗性特征研究》，武汉大学出版社 2007 年版，第 315 页。

千金者”的击节赞赏。叶梦得《石林诗话》云:“‘开帘风动竹,疑是故人来’,与‘徘徊花上月,空度可怜宵’,此两联虽见唐人小说,其实佳句也。”原因之三,至于白话小说因在古代地位低下,引诗、赋入小说借此提高小说地位,也促使白话小说和诗歌传统相融合。凌濛初本人是倾向于在小说中融入诗词的,在《拍案惊奇·凡例》中他说:“小说中诗词等类,谓之蒜酪,强半出自新构,间有采用旧者,取一时切景而及之,亦小说家旧例,勿嫌剽窃。”中国古典诗歌作为较早成熟的文学体裁,建立了比较完整的理论体系。诗歌理论对小说理论的建立和小说创作起了积极而深刻的影响。很多美学范畴如真与幻、奇与正、虚与实、形与神,都是从诗歌理论中移入的。诗歌中的一些表现技法如映衬、铺垫、对比、照应、虚实结合、以形传神等,对小说的创作起了有益的借鉴作用。“二拍”中的诗词、韵文绝大多数须依附于小说故事才能发挥其作用,一旦脱离了小说故事的语境,它们本身的价值几丧失殆尽。陈平原《中国小说叙事模式的转变》中对小说中出现的大量诗词的作用从诗骚传统和审美的角度进行了详细的分析,认为这是古典小说的一大特色。① 仅举一例,初刻卷九《宣徽院仕女秋千会　清安寺夫妇笑啼缘》中的两首词对故事情节的发展有完善丰富作用。以诗词测人的才华是古代的一个传统,亦成为小说中才子佳人的媒介。小说中拜住就是凭借诗词才华赢得女方父亲的赞赏,才答应了婚事。

宣徽相见已毕,看他丰神俊美,心里已有几分喜欢。但未

① 陈平原:《中国小说叙事模式的转变》,北京大学出版社 2003 年版,第 223 ~ 228 页。

知内蕴才学如何，思量试他，遂对拜住道："足下喜看秋千，何不以此为题，赋《菩萨蛮》一调，老夫要请教则个。"拜住请笔砚出来，一挥而就。词曰：

红绳画板柔荑指，东风燕子双双起。夸俊要争高，更将裙系牢。　　牙床和困睡，一任金钗坠。推枕起来迟，纱窗月上时。

宣徽见他才思敏捷，韵句铿锵，心下大喜，分付安排盛席款待。筵席完备，待拜住以子侄之礼，送他侧首坐下，自己坐了主席。饮酒中间，宣徽想道："适间咏秋千词，虽是流丽，然或者是那日看过秋千，便已有此题咏，今日偶合着题目的。不然，如何恁般来得快？真个七步之才也不过如此。待我再试他一试看。"恰好听得树上黄莺巧啭，就对拜住道："老夫再欲求教，将《满江红》调赋莺一首，望不吝珠玉，意下如何？"拜住领命，即席赋成，拂拭剡藤，挥洒晋字，呈上宣徽。词曰：

嫩日舒晴，韶光艳，碧天新霁。正桃腮半吐，莺声初试。孤枕乍闻弦索悄，曲屏时听笙簧细。爱绵蛮，柔舌韵东风，愈娇媚。　　幽梦醒，闲愁泥；残杏褪，重门闭。巧音芳韵，十分流丽。入柳穿花来又去，欲求好友真无计。望上林，何日得双栖？心迢递。

宣徽看见词翰两工，心下已喜。及读到末句，晓得是见景生情，暗藏着求婚之意，不觉拍案大叫道："好佳作！真吾婿也。老夫第三夫人有个小女，名唤速哥失里，堪配君子。待老夫唤出相见则个。"

测试诗才，在话本小说中多有描述，再举一例以证此言不虚。

二刻卷十二中妓女严蕊也是凭借自己的诗词才华为自己赢得自由之身，脱离了苦海。卷中写道：

商卿问：“那个是严蕊？”严蕊上前答应。商卿抬眼一看，见他举止异人，在一班妓女之中，却像鸡群内野鹤独立，却是容颜憔悴。商卿晓得前事，他受过折挫，甚觉可怜。因对他道：“闻你长于词翰，你把自家心事做成一词诉我，我自有主意。”严蕊领命，略不构思，应声口占《卜算子》道：

不是爱风尘，似被前缘误。花落花开自有时，总赖东君主。　去也终须去，住也如何住？若得山花插满头，莫问奴归处。

严蕊的词中充满了对自己流落烟花风尘的无奈和酸楚之情，借词又表达了希望有人能够救其脱离苦海的期盼，商卿听了，对严蕊顿生怜悯之意，于是脱了严蕊的乐籍。从这几例可以看出，如果没有诗词，人物的命运无法改变，故事的发展也无法推进，诗词与人物和故事融为一体。

“二拍”中有大量描写人物形象的诗词韵文。初刻卷二《姚滴珠避羞惹羞　郑月娥将错就错》中对吴朝奉的形象描写：你道他怎生打扮？但见：头戴一顶前一片后一片的竹简巾儿，旁缝一对左一块右一块的蜜蜡金儿，身上穿一件细领大袖青绒道袍儿，脚下着一双低跟浅面红绫僧鞋儿。若非宋玉墙边过，定是潘安车上来。

卷三《刘东山夸技顺城门　十八兄奇踪村酒肆》描写少年侠士，但见：黄衫毡笠，短剑长弓。箭房中新矢二十余枝，马额上红缨一大簇。裹腹闹装灿烂，是个白面郎君；恨人紧辔喷嘶，好匹高头骏骑。

卷五对张德容的相貌描写。看那人时，却是：眉湾杨柳，脸绽芙蓉。喘吁吁吐气不齐，战兢兢惊神未定。头垂发乱，是个醉扶上马的杨妃；目闭唇张，好似死乍还魂的杜丽。面庞勾可十七八，美艳从来无二三。

小说中还有大量描写场景场面的诗词韵语。但凡主要活动场所、重要景点、地点，举凡城市乡村、宫殿寺观、亭台楼阁、酒店茶馆、高峰山岗、山寨水泊等，无不出一段韵语进行铺陈描写。如卷一中对一个无人的空岛的描述，但见：树木参天，草莱遍地。荒凉径界，无非些兔迹狐踪；坦迤土壤，料不是龙潭虎窟。混茫内、未识应归何国辖，开辟来、不知曾否有人登。

再看对房屋装饰的描述。引进几重门户，里头房室甚是幽静清雅。但见：明窗静几，锦帐文茵。庭前有数种盆花，座内有几张素椅。壁间纸画周之冕，桌上沙壶时大彬。窄小蜗居，虽非富贵王侯宅；清闲螺径，也异寻常百姓家。

卷三中写刘东山及少年的诗句。有诗单说这刘东山道：生平得尽弓矢力，直到下场逢大敌。人世休夸手段高，霸王也有悲歌日。又有诗说这少年道：英雄从古轻一掷，盗亦有道真堪述。笑取千金偿百金，途中竟是好相识。作为故事中的情节，卷八中陈大郎梦见观音菩萨口授四句诗送给他，对他今后与妻子命运的指示。

韵文在“二拍”及话本中所起到的作用不仅仅是衬托和点缀，更有点题、突出主题、给听众加深印象的作用，同时，韵文的象征意味更有价值，代表着文人对话本典雅化的一个过程和手段，话本逐步摆脱勾栏瓦肆底本的粗糙，话本的形式也日臻完善，在白话中加入了书面语，增加了语言的典雅气质，审美的意味也凸现出来。

第四节 民间立场与底层写作

“二拍”的创作着眼于民间——从故事到人物的日常之奇，思想根源上受到心学的“百姓日用即道”的平民意识影响。心学首先肯定的是商人日渐提高的社会地位。作为一代宗师的王阳明认为士农工商“四民异业而同道”，将商人与圣贤相提并论，“虽终日做买卖，不害其为圣为贤”，李贽进一步提出圣人与凡人一样，“人但率性而为，勿以过高视圣人之为可也。尧、舜与途人一，圣人与凡人一”。心学所体现出的平民意识在文学上的影响反映在创作上，一是市民所喜爱的小说、戏剧受到文人的追捧，二是诞生了《金瓶梅》、“三言二拍”等以描写市民生活为主的优秀作品，三是小说的人物打破了帝王将相、才子佳人的垄断，形形色色的市民、商人等成为主角。

近年学界在思想史和社会史的研究中，越来越多的目光开始关注精英和经典之外的思想，即“一般知识、思想与信仰世界”，①赵世瑜从社会史角度考察了明清大众的观念世界，②这些学者的研究提示我们：在实际生活中存在的普通生活知识和思想，虽然没有构成一个清晰完整的体系和延续发展的脉络，但是，这些一般的、世俗的、普通的知识，思想和信仰可能在实际生活中发挥着更为重要的作用，而且它们也在可持续地演进着，不仅仅在思想史和社会史上可以看出这一点，在晚明文学的通俗作品中反映尤多。一般

① 葛兆光：《中国思想史》，复旦大学出版社 2009 年版，第 291 ~ 293 页。

② 赵世瑜：《狂欢与日常——明清以来的庙会与民间社会》，生活 · 读书 · 新知三联书店 2002 年版。

的立场就是民间的立场。相对于精英和经典，大众和通俗就是一般和民间，“二拍”正好可以聚焦从通俗文学的视角来仰观晚明社会的文化和思想，“二拍”的语言势必会反映出当时的市民阶层的一种集体心理和行为表现，因为“二拍”是晚明市民的日常生活的生动记录，通过对“二拍”中人物的分析，我们可以了解普通民众的思想观念，而不必用后人或精英的思想去硬套“二拍”的思想，他们就在文本之中，笔者认为，“二拍”为我们提供了一幅与精英文化不同的民间文化图景，通过“二拍”这扇“一般的”窗口，我们可以看到斑斓鲜活的世俗世界。例如初刻卷八开头有一段话：“话说世人最怕的是个‘强盗’二字，做个骂人恶语。不知这也只见得一边。若论起来，天下那一处没有强盗？假如有一等做官的，误国欺君，侵剥百姓，虽然官高禄厚，难道不是大盗？有一等做公子的，倚靠着父兄势力，张牙舞爪，诈害乡民，受投献，窝赃私，无所不为，百姓不敢声冤，官司不敢盘问，难道不是大盗？有一等做举人、秀才的，呼朋引类，把持官府，起灭词讼，每有将良善人家拆得烟飞星散的，难道不是大盗？”这段话虽然是作者以说书人的口吻说出来的，但为当时社会世道的一种状况——“天下那一处没有强盗”；这段话也是普通民众的心声，作者完全站在普通民众的立场上，用普通民众的话语说了出来，其实，如果不用白话，这一段话完全可以用庄子的名言“窃钩者诛窃国者侯”来表达。

话本作为通俗文学有其不可替代的价值，拟话本最重要的一个特点就是可读性。这种可读性，一方面指的是文本主要面向一般读者所熟悉的话语，容易被喜欢的读者不假思索地认同，另一方面，“二拍”尚奇的创作思想增加了它的娱乐色彩。拟话本可读，一是源自创作上使用程式化的手法、规范化的语言，创造一个表面纷繁复杂而实际上他所面向的读者既熟悉又清晰的文学世界。二是话本都力图建立明确的价值判断,简单地将所描述的世界大而化之为善与恶的二元对立的世界,这样有利于当时人们的接受和理解。

凌濛初的小说注重人情和义气,这正是中国传统社会的特点,尤其是在民间和底层社会。他的小说中交织着这样的宣扬和反对:对正统主导思想有强烈的反对又有坚定的维护,他的小说中并没有明显的对传统观念的批判,这也是他的小说很长一段时间以来总是被人讥评为境界不高的地方。民间立场和底层写作的一个重要特征就是对民间和底层的对立面的态度:揭露其黑暗、批判其弊端之不隐晦,不留情面。二刻卷十《赵五虎合计挑家衅　莫大郎立地散神奸》中有段专门对官府的不明是非的批判和揭露的文字:

> 些小言词莫若休,不须经县与经州。衙头府底赔杯酒,赢得猫儿卖了牛。
>
> 这首诗,乃是宋贤范弇所作,劝人休要争讼的话。大凡人家些小事情,自家收拾了,便不见得费甚气力。若是一个不伏气,到了官时,衙门中没一个肯不要赚钱的。不要说后边输了,就是赢得来,算一算费用过的财物,已自合不来了。何况人家弟兄们争着祖父的遗产,不肯相让一些,情愿大块的东西作成别个得去了。又有不肖官府,见是上千上万的状子,动了火,起心设法,这边送将来,便道:"我断多少与你。"那边送将来,便道:"我替你断绝后患。"只管埋着根脚漏洞,等人家争个没休歇,荡尽方休。又有不肖缙绅,见人家是争财的事,容易相帮。东边来说,也叫他"送些与我,我便左袒";西边来说,也叫他"送些与我,我便右袒"。两家不歇手,落得他自饱满了。

世间自有这些人在那里，官司岂是容易打的？自古说："鹬蚌相持，渔人得利。"

明末官场腐败丛生，宦官奸佞擅权，官吏贪赃枉法自嘉靖后期几成常态。在二刻卷二十一《许察院感梦擒僧　王氏子因风获盗》也有类似的文字：

话说天地间事，只有狱情最难测度。问刑官凭着自己的意思，认是这等了，坐在上面只是敲打。自古道："棰楚之下，何求不得？"任是甚么事情，只是招了。见得说道重大之狱，三推六问。大略多守着现成的案，能有几个伸冤理枉的？至于盗贼之事，尤易冤人。一心猜是那个人了，便觉语言行动件件可疑，越辨越像。除非天理昭彰，显应出来，或可明白。若只靠着鞫问一节，尽有屈杀了再无说处的。

值得注意的是，凌濛初面对读者群体进行创作的，他以说话人的口气规劝人们要注意社会上各种不合理的现象，他不厌其烦，耐心解释，针对官场的黑暗，他奉劝人们不要去打官司，可谓用心良苦。

当然，我们也应该警惕世俗化写作中的一种贬低化的艺术倾向，就是把一切崇高的、精神性的、理想的和抽象的东西转移到不可分割的物质和肉体层次。"二拍"中就有着这样的一种倾向。如卷九《莽儿郎惊散新莺燕　㑳梅香认合玉蟾蜍》中的开篇提到王仙客与刘无双两人的爱情故事，经历磨难后，有情人终成眷属，此卷的开篇本来是说好事多磨，爱情历经磨难修成正果，而且还引用了古诗"不是一番寒彻骨，怎得梅花扑鼻香？"单读到这里颇有情趣和雅致，但是，笔锋一转，说的却是偷情，并且认为偷情的此中行道是“偷得着不如偷不着”，将较为崇高的爱情追求降低为男女之间的简单欲望，给予津津乐道的评述。

从艺术层面上讲，“二拍”的创新显然是有限度的，它的传播和商业上的收益带给文学很大的启示：复制也是有意义的。但过多的复制就会造成艺术向追求物质享受和感官刺激的低位下滑。“三言二拍”之外的很多拟话本不可避免地走向了低位低俗的水平，这也是拟话本在“二拍”到达巅峰后又迅速走向衰落的一个主要的内在精神原因。“二拍”可以归属于当时的通俗文学作品范围，我们现在可以给它定位为通俗文学中的经典，同时它也体现了大众文化精神，从文化变迁和文化史的角度进行分析，他对当时时代的思想意识形态反映得相当直接和深刻。华莱士·马丁（Wallace Martin）指出：文学批评家很少屈尊去研究的通俗的、公式化的叙事类型，如侦探小说，现代罗曼司，西部电影或小说，肥皂剧等，如果它们的无意识内容能够被发现的话，他们也许会提供一些有关我们社会的有趣信息。①

这里强调的是无意识内容，就是在通俗或大众文学（包括拟话本小说）中没有被作家说出来的政治见解或宗教观念，或许作家没有明显的政治和宗教倾向，他在作品中却表达了大众最普遍的情绪、心理和感觉。我们研究这些旨在加深对民族文化精神的理解和认知。明末的政治状况、宗教观念、市民大众的状态等社会信息在“二拍”中都有所体现。

① ［美］华莱士·马丁著，伍晓明译：《当代叙事学》，北京大学出版社2005年版，第10页。

第四章

“二拍”与商业文化变迁

晚明是中国封建社会转型的起始，有人称晚明为商业、商人社会，当时的商业发展迅猛，社会中因为商业和商人出现了许多新事物、新征兆、新气象，商业和商人带给社会和文化的主要特点就是变化，由于商业的不稳定性和逐利性，在社会资源中扮演着流动和分配的角色，晚明时期与以往显著的变化体现在商业经营队伍的扩大——士商互动，商人的社会地位上升。凌濛初以儒学世家兼从事刻印家业，融士人与商人于一体，可谓右手写书左手刊刻，就是当时士商互动的典范。商业即是作品中反映的社会生活的主流，商人也是“二拍”中的重点人物群体，商业盈利也是作者创作的一个动力，因此，“二拍”是观照晚明商业文化变迁的一面镜子。

第一节 “二拍”序言的商业话语分析

在“二拍”的序言中，凌濛初对小说从宋元以来的历史简单地回顾一番，他首先肯定了宋元话本的内容、思想、语言及作用等主要元素，并对近代的小说创作风气进行了批评，“宋、元时，有小说家一种，多采闾巷新事，为宫闱承应谈资。语多俚近，意存劝讽。虽非博雅之派，要亦小道可观。近世承平日久，民佚志淫。一二轻薄恶少，初学拈笔，便思污蔑世界，广摭诬造，非荒诞不足信，则亵秽不忍闻。得罪名教，种业来生，莫此为甚。”①宋元之际，小说的传播主要依靠说书在勾栏瓦肆中流布，话本多粗杂不可观，在明代中后期，小说的创作和传播方式都发生了变化，文本的流播开始占据主流，话本的形式可以促使作品在更大的范围内流传。“二拍”的创作和传播本身就是文学受到商业追捧和刺激的结果。凌濛初在“二拍”的序言中说得非常明白，当时的小说受到社会的广泛欢迎，形形色色的小说良莠不齐，为有识之士所担心，“而且纸为之贵，无翼飞，不胫走。有识者为世道忧之，以功令厉禁，宜其然也”。凌濛初看到冯梦龙的“三言”为世人所喜爱，遂起创作之心。凌家是出版世家，凌濛初可以凭借自家刻印之便利，从刻书中获利，可谓一举两得。“独龙子犹氏所辑《喻世》等诸言，颇存雅道，时著良规，一破今时陋习；而宋、元旧种，亦被搜括殆尽。肆中人见其行世颇捷，意余当别有秘本，图出而衡之。不知一二遗者，皆其沟中之断芜，略不足陈已。因取古今来杂碎事可新听睹、佐谈谐者，演而畅之，得若干卷。”②从这段话可以看出，冯梦龙对凌濛初创作“二拍”影响深刻。冯梦龙（1574～1646），南直隶苏州府长洲县（今苏州）人，比凌濛初大6岁，两人的身世、经历以及文学成就大体相似，归宿也相似：在大明王朝的战乱中，两人相继离世。冯梦龙与凌濛初是

① 〔明〕凌濛初著，章培恒整理，王古鲁注释：《拍案惊奇》，上海古籍出版社1982年版，第1页。

② 〔明〕凌濛初著，章培恒整理，王古鲁注释：《拍案惊奇》，上海古籍出版社1982年版，第1页。

有交往的，冯梦龙的《太霞新奏》卷六中收录有凌濛初的《惜别曲》，小序谓："余身作秣陵之旅客，心系吴门之故人。正苦孤踪，忽来仙旆，两情俱畅，一意为欢。猛传突起之獍枭，竟致顿归之狼狈。徒使青衫泪湿，反看绿鬓蒙尘。不禁寂寥，谩形歌咏。"曲中云："方欢会，谐心愿。被罡风吹得朝云变。消沮事，陡然见。"①又凌氏《伤逝》曲云："也是无端撞入桃源路，一笑相逢，便自情意孚。乘槎巧向银河渡，月夕花朝，镇把琴心厮诉。""有计无，问还丹道士在甚涂?"冯梦龙对凌濛初评价很高：初成天资高朗，下笔便俊，词曲其一斑也。曾改《玉簪记》为《衫襟记》，一字不仍其旧。②

冯梦龙选编"三言"等三部小说集相继辑成并刊刻于明代天启年间。"三言"各40篇，共120篇，在当时社会中引起极大反响，正是在冯梦龙的"三言"刺激下，凌濛初走上了"二拍"的创作道路。从"二拍"的序言中，我们也可以粗略看出印刻小说出版有很大的获利空间，市场需求颇大，小说的出版是一种商业活动，出版商愿意付出高额成本，意味着刻印付梓后会有高额的回报。叶盛是景泰、成化间人，他对小说的传播有如下记载："今书坊相传射利之徒，伪为小说杂书，南人喜谈如汉小王(光武)、蔡伯喈(邕)、杨六使(文广)，北人喜谈如继母大贤等事甚多。农、工、商、贩，钞写绘画，家蓄而人有之。"③

---

① 魏同贤主编:《冯梦龙全集》(第十册)，凤凰出版社2007年版，第986页。

② 魏同贤主编:《冯梦龙全集》(第十册)，凤凰出版社2007年版，第988页。

③ 〔明〕叶盛:《水东日记》卷21《小说戏文》，转引自王昕:《话本小说的历史与叙事》，中华书局2002年版，第10页。

从这段记载可以看出，不仅书坊刻印很有市场，还有绘画版的，供农、工、商、贩、妇女等文化层次不高的人欣赏，成为明代市民的一种娱乐方式。而且小说又与大众喜欢的其他形式如戏剧相互交融，扩大话本小说的影响，也丰富着话本的内容。正是读者队伍的壮大，推动着刻印业的发展，明代的雕版印刷、活字印刷、套色印刷都达到了很高水平。当时印刷有官刻、商刻和私刻。官刻有朝廷相关衙门控制，出资刻印大量的经史诗文、政府法令等。商刻主要以盈利为主，纯属商业行为。明代书林、书坊都有自己的名号，如北京书林永顺堂，金陵书林大业堂、文林阁，金陵书坊石渠阁等都是当时名家。私刻主要是官僚、士绅等自刻文集、作品集等。

商刻和私刻是话本流播的主要推动力，“二拍”的创作就是受到书坊推动出版的影响。在“二拍”小引中，凌濛初这样写道：“同侪过从者索阅一篇竟，必拍案曰：奇哉所闻乎。为书贾所侦，因以梓传请。遂为抄撮成编，得四十种。……贾人一试之而效，谋再试之。”在朋友的鼓励和书商的催请下，凌濛初创作了“二拍”。根据方志远对明代浙江市民文学版刻地域分布表的研究，我们可以看到，就地域而言，版刻数量排在前三位的是南京及南直隶、浙江和福建。浙江版刻数量排在前列的是杭州、湖州和绍兴。① 晚明时期刻本行业逐步向东南城市转移和集中，以万历中后期至明末(1583～1644)这一时段为代表，集中了市民文学文本版刻的大部分数量，苏州、湖州、杭州、嘉兴、建宁等五府是文本版刻的中心，凌濛初家就是以书坊版刻名动天下的湖州乌程凌氏，而与他家齐名的闵氏为其姻亲。胡应麟在《少室山房笔丛》卷四《经籍会通四》中记

① 方志远：《明代城市与市民文学》，中华书局2004年版，第364页。

载："当今刻书，苏、常为上，金陵次之，杭州又次之，近湖刻、歙刻骤精，遂与苏、常争价。"①谢肇淛《五杂组》卷十三记载："金陵、新安、吴兴三地，剞劂之精者，不下宋板。"②凌濛初集作家、商家、刻家于一身，创作刊行"二拍"是自然之事。

书坊主人们对话本的推动还在于对小说的评点。借助于教化作用肯定小说，书坊主人大胆评价小说，把小说与正史并列，把写小说看做人生的大事业。建阳书房主人熊大木，在下层民众中知名度颇高。他大量刊行小说，还著有多种历史演义小说。他对小说的评点立论大胆，借此抬高小说的地位："稗官野史实记正史之未备。"③坚持小说与史书有同样的价值，对民众的影响很大。当然，也不排除这种评点所具有的广告效应。通过书坊的评价，小说的地位迅速提升，也推动着小说的创作繁荣。在书房主人评价小说过程中，评点式的小说评论方法逐步确立，并成为中国小说批评的主要形式。书坊主人对话本的评点的意义在于把批评与读者结合起来，为底层读者阅读服务，很多评点带有音训注释，帮助读者阅读理解，扩大了读者群，起到了推广的作用，让话本流布更为广泛。

"二拍"的后世流布还得益于选本的作用。"二拍"成书之后恰逢明末动荡之际，崇祯十年(1637)有抱瓮老人选刻"三言"29篇、"二拍"11篇(初刻8篇，二刻3篇)，汇成40卷本《今古奇观》。一经问世，便被海内见闻者惊为异书。由于所选皆"三言二拍"之精

---

① 〔明〕胡应麟：《少室山房笔丛》，见《四库笔记小说丛书·俨山外集(外三种)》(第二册)，上海古籍出版社1993年版，第210页。

② 〔明〕谢肇淛：《五杂组》，中华书局1959年版，第381页。

③ 〔明〕熊大木：《大宋演义中兴英烈传序》。

要，因此《今古奇观》自问世以后，风行不衰，“三言二拍”反倒逐渐淡出人们的视野。后来明清易代，话本集散佚颇多，“三言二拍”遂更鲜为世人所知。再加上“二拍”在清朝被视为“淫词小说”屡遭禁毁，清中叶《二刻拍案惊奇》已经不大流传。道光、同治年间，浙江、江苏颁布禁止淫词小说令，其所开列书单都只有《初刻拍案惊奇》而没有《二刻拍案惊奇》，因为到此时《二刻拍案惊奇》已不大为人所知。有清一代，由于有各种版本的《今古奇观》大行于世，另有《续今古奇观》30 卷流行，故“二拍”在成书后的很长一段时间里并没有以整体面貌出现，但由于选本的流传，“二拍”并没有因岁月和世道变更而淹没无考。

“二拍”的现代流播也是晚明时期拟话本在当时广为流播的结果所致。正是由于“二拍”传到海外，在 20 世纪初被发现，在日本藏有明尚友堂原刊的 40 卷本《拍案惊奇》和 39 卷本的《二刻拍案惊奇》，后由中国学者从日本抄录、翻印回来，为中国明代文学增添丰富的资源。

第二节 “二拍”的商人意识与“贾道”

作为明代短篇小说的典型代表，“二拍”共有短篇小说 78 篇，这些作品从众多的方面展示了明代中叶以后经济、政治以及习俗等方面都有着较大变化的社会风情。值得注意的是，78 篇中有 23 篇是以城市工商业者特别是商人为主要人物或重要人物来描述的。这部小说集描述了山西、浙江、湖广、南京等多个地区的商人，其中描写最详细的是苏州商人和徽州商人。凌蒙初是湖州人，小说中写他所熟悉的南直隶徽州府和苏州府的商人自然在情理之中。

商业从诞生起就被社会上下视为贱业。明初时朱元璋下令商人不许穿丝绸。但是,在晚明时期商人和商业还是发生了深刻的变化。商人的地位在晚明得到很大提高。首先,著名的思想家李贽打破了以往士人对商人轻视和鄙薄的态度,对他们充满了赞美和同情之辞:"商贾亦何可鄙之有?挟数万之资,经风涛之险,受辱于关吏,忍诟于市易,辛勤万状,所挟者重,所得者末。"①公然站出来为商人辩护。其次,出于财政的需要,万历年间首辅张居正提出"农商互利"的主张,要以商促农,改变了过去那种一味的"抑商"政策。王阳明虽然不同意把"治生"当做"首务",但却支持:"果能于此处调停得心体无累,虽终日做买卖,不害其为圣为贤"。② 商人阶层在晚明时期已非常活跃了。贾道与儒道融合是阳明心学广为流布在社会中产生的必然结果,阳明心学倡导的儒家新伦理在向社会下层传播的过程中,最先被商人阶层所接受。阳明心学强调日用之事,"虽终日做买卖,不害其为圣为贤。"晚明成为商人从此登上社会主流舞台的滥觞,从"二拍"中我们能够清晰地感受到这一点。

"二拍"塑造了形形色色的晚明商人群体形象。"二拍"中涉及商贾形象的篇目占到总数的近三分之一,其中初刻 13 篇,二刻 10 篇,共计 23 篇,故事所发生的年代多以明代为主,在有明确注明年代的篇目中,嘉靖、成化、万历三朝成为故事的主要时代背景,而这一段时间也正是明代社会发生深刻变化的时期,社会思潮趋于离经叛道,挣脱程朱理学束缚的解放意味在民间和士林蔓延,市民阶

① 〔明〕李贽:《焚书》卷二《与焦弱侯》,中华书局 1975 年版,第 49 页。

② 〔明〕王阳明撰,吴光等编校:《王阳明全集》(下),上海古籍出版社 1992 年版,第 1171 页。

层势力随着城市的繁荣而逐步壮大，商业和商人在社会中的影响日渐增强。“二拍”感时代之风气，在小说的叙事中也反映了当时的变化。关于“二拍”商人的篇目及人物、从业、籍贯等列表如下：

篇目(初刻、二刻)	经商人物	人物生活年代	从事行业	商业地点	人物籍贯
《转运汉遇巧洞庭红 波斯胡指破鼍龙壳》初刻卷一	文若虚、张大等四十余人	成化年间	走海泛货的行商	海外吉零国	苏州府长洲县
	玛宝哈		换海货	福建港口城市	波斯
《姚滴珠避羞惹羞 郑月娥将错就错》初刻卷二	潘甲	万历年间	负贩商	外出	徽州府休宁县
	吴大郎		大财主	本地	
	周少溪		做买卖	浙江衢州	
《刘东山夸技顺城门 十八兄奇踪村酒肆》初刻卷三	刘东山	嘉靖年间	贩驴马	京师	北直隶河间府交河县
《程元玉店肆代偿钱 十一娘云冈纵谭侠》初刻卷四	程元玉	成化年间	行商	川、陕	徽州
《乌将军一饭必酬 陈大郎三人重会》初刻卷八	王生	国朝	贩布行商	南京、扬州	苏州
	陈大郎、欧阳	景泰年间	合伙开杂货店	苏州	苏州府吴江县
《韩秀才乘乱聘娇妻 吴太守怜才主姻簿》初刻卷十	金朝奉	嘉靖年间	开典当铺	台州	徽州
	程朝奉		开典当铺	台州	徽州

（续表）

篇目（初刻、二刻）	经商人物	人物生活年代	从事行业	商业地点	人物籍贯
《恶船家计赚假尸银 狠仆人误投真命状》初刻卷十一	吕大	成化年间	贩姜	温州永嘉县	湖州
	周四		开布店	温州永嘉县	温州永嘉县
《卫朝奉狠心盘贵产 陈秀才巧计赚原房》初刻卷十五	卫朝奉	国朝	开解铺	南京	徽州
《李公佐巧解梦中言 谢小娥智擒船上盗》初刻卷十九	谢小娥、段居贞	唐朝元和年间	江湖行商	吴、楚之间	豫章郡
《袁尚宝相术动名卿 郑舍人阴功叨世爵》初刻卷二十一	张客		珍珠商	蔡州	
《钱多处白丁横带 运退时刺史当艄》初刻卷二十二	郭七郎	唐朝	江湘坐商	江陵	江陵
	张多宝		解典库、缎子铺	京都	
《盐官邑老魔魅色 会骸山大士诛邪》初刻卷二十四	徽商	国朝	开店铺	京城，扬州	徽州
《占家财狠婿妒侄 延亲脉孝女藏儿》初刻卷三十八	刘从善	元朝	庄主、铺面	东平	东平府

（续表）

篇目（初刻、二刻）	经商人物	人物生活年代	从事行业	商业地点	人物籍贯
《李将军错认舅 刘氏女诡从夫》二刻卷六	王八郎	宋朝	江淮行商	江淮	唐州比阳
《赵五虎合计挑家衅 莫大郎立地散神奸》二刻卷十	朱三	宋绍兴年间	卖汤粉	城花楼桥	吴兴
《韩侍郎婢作夫人 顾提控掾居郎署》二刻卷十五	徽商某、江溶、徽商某	弘治年间	卖饼店 典当中盐	湖州府安吉州、直隶太仓州城外、扬州	直隶太仓州 徽州
《迟取券毛烈赖原钱 失还魂牙僧索剩命》二刻卷十六	夏和林两家	宋朝	沽酒店	当地	明州
	毛烈		典当铺	当地	庐州合江县
《许察院感梦擒僧 王氏子因风获盗》二刻卷二十一	王爵、王禄	正德年间	盐商	山东	陕西
《徐茶酒乘闹劫新人 郑蕊珠鸣冤完旧案》二刻卷二十五	郑家	国朝	经济行	苏州、松州	直隶苏州府嘉定县
	钱巳、赵申		行商		河南开封
《程朝奉单遇无头妇 王通判双雪不明冤》二刻卷二十八	李方哥	成化年间	开卖酒小店	当地、徽州岩子镇	直隶徽州府
	程朝奉、汪朝奉、赵大		商人		

（续表）

篇目（初刻、二刻）	经商人物	人物生活年代	从事行业	商业地点	人物籍贯
《赠芝麻识破假形　撷草药巧谐真偶》二刻卷二十九	蒋驸马、夏良策	天顺年间	客商	湖广、江西、汉口马月溪	浙江
《王渔翁舍镜崇三宝　白水僧盗物丧双生》二刻卷三十六	沈一	宋朝	卖酒酒坊	临安	临安
	胡商		寻宝		波斯
《叠居奇程客得助　三救厄海神显灵》二刻卷三十七	程宰、程寀	嘉靖年间	行商贩卖人参	辽东	徽州

马克思深刻地指出："商人对于以前一切都停滞不变、可以说由于世袭而停滞不变的社会来说，是一个革命的要素……现在商人来到了这个世界，他应当是这个世界发生变革的起点。"①"二拍"中的商人形象犹如感受"春江水暖鸭先知"的那只"鸭子"，他们代表着一股清新蓬勃的力量，被凌濛初敏锐地捕捉到并绘声绘色地加以描述，这批鲜明的商人群像是"二拍"最成功的地方，凌濛初不仅不吝啬笔墨描写商人和他们的生活，而且笔端饱含感情地赞许在商海中不惧艰险、改变贫困、生财发迹的商人，肯定他们积极从商的精神。"二拍"中有名有姓的商人达四十三人之多，还有一些以某商代替若干人，他们中有极富冒险精神、在商场屡战屡败

① 中共中央马克思、恩格斯、列宁、斯大林著作编译局译：《马克思恩格斯全集》（第二十五卷），人民出版社 1974 年版，第 1019 页。

仍不放弃最终时来运转成为大商人的文若虚（卷一）和王生（卷八），有家传经商、兄弟联手行走江湖的程氏兄弟（卷三十七）和王氏兄弟（卷二十一），有弃文从商的潘甲、蒋驸马等，有弃武从商的刘东山（卷三），有大商巨贾的郭七郎（卷二十二），有在中国沿海多年经商的波斯大商人玛宝哈（卷一），还有提着篮篓卖姜的小商贩吕大（卷十一），老实厚道经营一家烧饼店的老两口江溶夫妇（卷十五），其他有卖汤粉的，经营小酒馆的，等等，都有鲜明的特点和故事，这些人成为“二拍”的主角。“二拍”中的商人主要分为行商（也称客商）和坐商，行商为往来贩货的商人，区别于在一地定居经商的坐商。行商多为中小资本的商人，上述列表提到的文若虚、潘甲、刘东山、程元玉、吕大、蒋驸马、程宰等，均为行商，吕大仅为一个两地间贩卖姜的商贩，但也长期往返两地之间，有着固定的客户。坐贾也称居鬻商人，他们大多是本地居民，有固定经营场所。坐商也多在本地开店铺经营，有的以行商起家，如文若虚，本来是苏州的行商，海外归来赚到钱后留在了闽地，做了一个大商人。上表中所列金朝奉、陈大郎、程朝奉、毛烈、江溶等都是当地的商人，经营有典当行、杂货店、布店、小酒店、饼店等，小本钱的坐商主要是生活日常用品的经营，基本不涉及批发业务，大一些的商人被称为朝奉，在“二拍”中往往是经营典当的，因为这个行业获利多而冒险小，有些典当行经营方式以巧取豪夺为主，初刻卷十五中的卫朝奉就是一个极其刻薄的典当业主，靠着昧心取利把生意越做越大。由此不难看出，城市中典当业很是发达，上述商人中有六人开有典当行，而且资本相对较大。

行商大多为小本经营者，他们的商业踪迹大致不出两三百里，近十日而返，鲜有远游者，大多不在异地定居。资本较大者，活动范围较大，做相对大宗的买卖，但他们的从商生涯行踪不定，来去无常。晚明时期，商业的大规模发展，行商的社会分工进一步细化，一部分人专门从事货物运输，从事大宗货物的长途运输，从中获取利益；一部分改为专在一地收货发货、经营买卖，行商变坐贾。明中叶以后，行商趋于定居者大大增加。以徽商为例，徽商人数庞大，流动地区广泛，在外定居最多，至晚明，除在扬州、杭州行商并长住的人群外，数以千计的徽商卜居金陵，营肆景德镇，侨寓睢阳。他们不仅在异地开设店铺，还在当地兴修住屋群落，营建乡人地盘。万历中，歙县人郑九皋因业盐侨寓浙江衢州府常山县，他在自己家周围修房数十间，专供流寓来此的家乡（新安）人居住，取名"新安里"，以示自己不忘本。天启时，大学士首辅叶向高曾去看过，并写下了《新安里记》。初刻卷二中就提到徽商姚家有个极密的内亲叫做周少溪，偶然在浙江衢州做买卖，看到一个妓女很像姚滴珠，让姚乙来相认，他出主意当官告状，有这样一段话"待我去纠合本乡人在此处的十来个，做张呈子，到太守处呈了。人众则公，亦且你有本县广缉滴珠文书可验，怕不立刻断还？"后来，周少溪就合着一伙徽州人，同姚乙到府堂，把前情说了一遍。姚乙又将县间广缉文书当堂验了。太守立刻签了牌，将郑家乌龟、老妈都拘将来。郑月娥也到公庭，一个认哥哥，一个认妹子。那众徽州人除周少溪外，也还有个把认得滴珠的，齐声说道："是。"官司很快就判了下来，姚乙胜诉。从这一段叙述我们可以看到，徽商人多势众，他们抱团相互支持，在经商居处形成了颇有影响的势力。

"二拍"中描写的城市多集中在江南，主要有南京、苏州、扬州和湖州等几个商业活跃的城市。城市中店铺种类繁多，经营以消费型商品为主，代表着晚明时期的城市商业与前代不同的新气象、新征兆。除了因凌濛初生活在这一带的主观原因外，当时这几个城市也正是晚明商业发展迅猛的地方。据林金树研究，在晚明时期，中国城市发展由古代型向近代型转变，一个主要特征就是大量农村人口向城市流动，上述几个城市人口激增。苏州在16世纪末到17世纪初人口达到50万，杭州在明中叶人口仅30万，晚明突破100万，南京、扬州人口达到80～100万之间。① 城市规模及人口的增大，促进了手工业、商业的空前发展。流动人口成为城市商业、手工业的劳动力主力，纺织、陶瓷、造纸、印刷、榨油、酿酒、制盐等行业都有了长足的进步，"二拍"中对经营的布店、绸缎店、盐铺、酒坊、杂货铺等都有涉及。当时大中城镇的商业化趋势和商业活动空前活跃。以南京为例，永乐以后作为留都，在中叶以后成为"北跨中原，瓜连数省，五方辐辏，万国灌输。三服之官，内给尚方，衣履天下，南北商贾争赴"之地。② 据正德《江宁县志》不完全统计，当时南京已有104种铺行，经营同种商品者形成了许多专业市场。如"钢铁器在铁作坊，皮市则在笪桥南，鼓铺则在三山街口，旧内西门之南，履鞋则在轿夫营，帘箔则在武定桥之东，伞则在应天府街之西，弓箭则在弓箭坊，木器则南在钞库街，北在木匠营"等。③

二刻卷五《襄敏公元宵失子　十三郎五岁朝天》描述京城繁华

① 林金树：《人口流动及其社会影响》，载万明主编：《晚明社会变迁问题与研究》，商务印书馆2005年版，第54～55页。

② 〔明〕张瀚：《松窗梦语》卷四《商贾纪》，中华书局1985年版，第83页。

③ 正德《江宁县志》卷三《铺户》，转引自韩大成编著：《明代城市研究》，中华书局2009年版，第52页。

景象:“四境无侵,万民乐业,正是太平时候。家家户户,点放花灯,自从十三日为始,十街九市,欢呼达旦。这夜十五日是正夜,年年规矩,官家亲自出来,赏玩通宵,倾城士女,专待天颜一看。且是此日难得一轮明月当空,照耀如同白昼,映着各色奇巧花灯,从来叫做灯月交辉,极为美景……楼上设着鳌山,灯光灿烂,香烟馥郁,奏动御乐,萧鼓喧阗。楼下施呈百戏,供奉御览。看的真是人山人海,挤得缝地都没有了。”

初刻卷十五对金陵城的描述:“金陵建都之地,鱼龙变化之乡。那金陵城傍着石山筑起,故名石头城。城从水门而进,有那秦淮十里楼台之盛。那湖是昔年秦始皇开掘的,故名秦淮湖。水通着扬子江,早晚两潮,那大江中百般物件,每每随潮势流将进来。湖里有画舫名妓,笙歌嘹亮,仕女喧哗。两岸柳阴夹道,隔湖画阁争辉。花栏竹架,常凭韵客联吟;绣户珠帘,时露娇娥半面。酒馆十三四处,茶坊六七八家。端的是繁华胜地,富贵名邦。”二刻卷三《权学士权认远乡姑　白孺人白嫁亲生女》写京师的繁华:“有个风俗,每遇初一、十五、二十五日,谓之庙市。凡百般货物,俱赶在城隍庙前,直摆到刑部街上来卖,挨挤不开,人山人海的做生意。”虽为小说中的描写,但与当时人所记录的相去不远。王琦描述了晚明江南主要的商业城苏州城市的繁华状况:“吴中素号繁华……迨成化间,余恒三、四年一入,则见其迥若异境,以至于今,愈益繁盛,闾檐辐辏,万瓦甃鳞,城隅濠股,亭馆布列,略无隙地。舆马从盖,壶觞罍盒,交驰于通衢。水巷中,光彩耀目,游山之舫,载妓之舟,鱼贯于绿波朱阁之间,丝竹讴舞与市声相杂。凡上供锦绮、文具、花果、珍馐奇异之物,岁有所增,若刻丝累漆之属,自浙宋以来,其艺久废,今皆精妙,人性益巧而物产益多。

至于人材辈出，尤为冠绝。”①

明代中后期，市场逐渐形成，商人们非常讲究经商的艺术。“二拍”中商人注意捕捉信息，寻找商机，把握时机，巧妙地利用信息好的则一本万利，反之则可能会有风险，甚至有破产的可能。初刻卷一中的文若虚在开始做生意时就是一个例证。他见人说北京扇子好卖，便合了一个伙计，做起了扇子生意。他请人做好了扇子上的字画，运到了北京。没想到天气不好，北京不热，却有雨湿之气，斗着扇上胶墨之性，扇子上有字画的都揭不开了。全扯坏了，只剩下等没字白扇，是不坏的，能值几何？将就卖了，做盘费回家，本钱一空。文若虚成了做生意破产的倒运汉。二刻卷三十七中的商人程宰得到海神的帮助，利用海神预先知道信息，提前将滞销的货物低价买进，等时机再高价卖出，从中获利丰厚。

第三节　释“徽商”

“二拍”有关商人篇目中涉及徽商的共有 9 篇，占描写商人篇目中三分之一多的分量。徽商成为一个区域性商业团体在社会上产生影响从晚明开始，“二拍”对徽商给予更多的笔墨一方面反映了当时的现状，另一方面，凌濛初笔触现实，敏锐直写的眼光也是“二拍”成为同题拟话本中之翘楚的原因。“二拍”中的“徽商”形象各具特色，商业经营也各有所长。初刻卷四《程元玉店肆代偿钱十一娘云冈纵谭侠》中的程元玉是个专走川、陕贩货的徽商。卷

① 〔明〕王琦：《寓圃杂记》卷五《吴中近年之盛》，中华书局 1984 年版，第 42 页。

十《韩秀才乘乱聘娇妻　吴太守怜才主姻簿》的金朝奉是个在浙江天台县城开典当铺的徽商,金朝奉的亲戚程朝奉也是个开典当铺的徽商,卷十五《卫朝奉狠心盘贵产　陈秀才巧计赚原房》中的卫朝奉是个在南京三山街开当铺的徽商。二刻卷二十八《程朝奉单遇无头妇　王通判双雪不明冤》中说的是徽州府的商人程朝奉想买奸小商贩李方哥的妻子,李是做卖酒生意的小贩。卷三十七《叠居奇程客得助　三救厄海神显灵》中的程宰兄弟是一对长期在辽阳经商的徽商。有篇目中直接以“徽商”一词为人物代指,不明确说出姓名,虽系作者无意为之,但也可以看出徽商的潜在影响。

明代,苏州和徽州地区的商人呈现遍布天下之势,商业活动范围广泛。有“钻天洞庭遍地徽”这样一句俗语形容他们经商之势。苏州拥有优越的自然条件和深厚的文化积淀,自古以来经济繁荣,商业昌盛,尤其是明中叶以后,进入极盛时期,从商如流是自然不过的事情。徽州自然条件恶劣,人多田少,赋税又繁重,在无田可耕、无工可做的情况下,徽州人只好外出经商,从地理上看,徽州正好处在东南经济要区苏、浙的中心,交通比较便利,促使徽人走上经商之路。

“二拍”对徽商的商业经营活动和徽商群体进行了全方位的塑造和刻画。然而话本小说并非特为商业活动作传记。小说涉及其商业活动的描述,亦是为塑造商人形象、刻画其性格服务。在“二拍”中,作为个体出现的徽商形象,一般并不具备复杂多面的性格内涵,亦不历经跌宕起伏的性格变化,然而作为群体出现的徽商形象却神情各异。他们身上既有生意人的精明算计,也有普通人的自然天性。他们比其他地域的商人更多地体现了“共性”与“个性”的统一,即“商人”的行业品性与“徽人”的地域特性的统一。对于徽州商人典型性格的刻画，"二拍"中主要集中在如下几点：

第一，外出经商，重视儒学。徽州地区因程朱阙里而被誉为"东南邹鲁"，乡人以之为荣，形之以俗，至"户诵有弦"，"虽十家村落，亦有讽诵之声"，儒风之盛，甚于他乡。明中叶以后，经商业贾之风又起，然其奔波行走江湖之际，仍不忘习儒、敬儒、好儒。时人对于徽商，已有"贾而好儒"之评定。"余惟乡俗不儒则贾，卑议率左贾而右儒。与其为贾儒，宁为儒贾。贾儒则狸德也，以儒饰贾，不亦蝉蜕乎哉！"①"吾郡少平原旷野，依山为居，商贾东西行营于外，以就口食。然生民得山之气，质重矜气节，虽为贾者，咸近士风。"②在"二拍"中，徽商好儒首先表现在他们曾经习儒、业儒，接受过儒家文化教育。这些徽商曾为儒生，由儒而商，儒家典籍教义在其身上有着无法磨灭的痕迹，势必在其经商行为中产生影响。初刻卷二《姚滴珠避羞惹羞　郑月娥将错就错》中徽商潘甲弃儒经商，但讲究孝悌，新婚不久，迫于父亲的压力离别新婚妻子外出经商。他为人忠厚稍显迂阔，县令已了断了案子，他说断错了，请看他的表现：

潘甲又来告道："昨日领回去的，不是真妻子。"那知县大怒道："刁奴才！你累得丈人家也勾了，如何还不肯休歇？"喝令扯下去打了十板。那潘甲只叫冤屈。知县道："那衢州公文明白，你舅子亲自领回，你丈人、丈母认了不必说，你父母与你也当堂认了领去的，如何又有说话？"潘甲道："小人争讼，只要

① 〔明〕汪道昆：《太函集》卷六一《明处士休宁程长公墓表》。

② 〔清〕戴震著，赵玉新点校：《戴震文集》，中华书局1980年版，第205页。

争小人的妻，不曾要别人的妻。今明明不是小人的妻，小人也不好要得，老爷也不好强小人要得。若必要小人将假作真，小人情愿不要妻子了。”知县道：“怎见得不是?”潘甲道：“面貌颇相似，只是小人妻子相与之间，有好些不同处了。”知县道：“你不要呆！敢是做过了娼妓一番，身分不比良家了?”潘甲道：“老爷！不是这话。不要说日常夫妻间私语一句也不对，至于肌体隐微，有好些不同，小人心下自明白，怎好与老爷说得?若果然是妻子，小人与他才得两月夫妻就分散了，巴不得见他，难道到说不是，来混争闲非不成？老爷青天详察，主鉴不错。”知县见他说这一篇，有情有理，大加惊诧；又不好自认断错，密密分付潘甲道：“你且从容，不要性急，就是父母亲戚面前，俱且糊涂，不可说破，我自有处。”

正是潘甲的坚持，案子最终才真相大白。我们从以上潘甲的话语中可以看出他的厚道，被县令扯下去打了十板，依然坚持要个公道，在所有人都认定假滴珠的情况下，他却坚持己见，并不是因为妻子做过娼妓而嫌弃，只是为了辨明真假。最终在他的坚持下，县令破了此案，潘甲本分实在的形象跃然纸上。

由于“好儒”，徽商对于儒家道德规范，也自觉躬身力行。初刻卷四《程元玉店肆代偿钱　十一娘云冈纵谭侠》中徽商程元玉“禀性简默端重，忠厚老成”，当韦十一娘来到酒店时，其他客人“个个颠头耸脑，看他说他，胡猜乱语，只有程元玉端坐不瞧”，俨然敦厚儒生形象。二刻卷十五《韩侍郎婢作夫人　顾提控掾居郎署》入话故事中徽商某见一妇人欲投水寻死，上前相救，徽商道：“能得多少，坏此三条性命！我下处不远，快随我来，我舍银二两，与你还官罢。"赠给妇人银子解难,当晚妇人来谢,他则义正辞严,拒不开门,直至听说是夫妇同来,才肯开门相见。这个徽商不但心怀仁义,而且为人行事中规中矩,颇符合儒生道德规范。

第二,乐善好施。余英时在《士与中国文化》中指出:"商人对于宗教和道德问题却有积极追寻的兴趣,不仅是被动地接受而已。"①徽商贾而好儒的特点使他们更为自觉地追寻和奉守传统道德,乐善好施则成为这一追寻和奉守的自我表现。明中叶徽州商帮日渐勃兴,其财资之雄厚,"富雄江左"、"富甲天下"。万历《歙志》则称:"今之所谓大贾者,莫甚于吾邑。虽秦晋间有来贾淮扬者,亦朋比而无多矣。"财力富足为乐善好施提供经济上的保证。二刻卷十五《韩侍郎婢作夫人　顾提控掾居朗署》有徽商救投水寻死之妇并赠以银两事,初刻卷四《程元玉店肆代偿钱　十一娘云冈纵谭侠》中徽商程元玉则替素昧之人代付饭钱。徽商的乐善好施还表现为他们对施舍佛寺、道观倾注极大热忱。初刻卷二十四《盐官邑老魔魅色　会骸山大士诛邪》有徽商在金陵燕子矶捐资修葺观音阁,我们并不排除徽商在舍钱助金修葺佛寺、道观时怀有祈祝神明庇佑的一己私心,然而帮佛助道在当时特别是在民间社会中,一向被认定为积德行善、广结善缘的善行义举,施舍者也往往因之而受到普遍的赞颂和尊重。如同儒家文化在士大夫阶层中的根深蒂固,佛道文化在民间一向有着潜移默化、透骨入髓的影响,而其今生行善、来世修福的教义,对其善男信女的道德行为同样具备约束力量。行贾途中坎坷多难,祈祝神明庇护本亦无可厚非,而徽商如此热衷于施佛舍道,其行为本质依然在于对道德的主动追寻、自

① 余英时:《士与中国文化》,上海人民出版社 1987 年版,第 543 页。

觉贴近。

第三,贪恋风月,喜爱女色。徽商虽“贾而好儒”、“咸近士风”,但好德之外,也很好色。“二拍”中大量涉及徽商好色事例。初刻卷二中的徽商吴大郎“有百万家私,极是个好风月之人”;二刻卷二十八徽商程朝奉“心里只喜欢的是女色,见人家妇女生得有些姿容的,就千方百计,必要弄他到手方住”,程朝奉为追逐女色,“随你费下几多东西,他多不吝,只是以成事为主”。即使不作奸犯科,他们也在伦理礼教默许范围之内尽可能追求享受。徽商多长年在外经商,客居之地买妾或娶“两头大”之事,屡有发生。所谓“两头大”,是指徽商除在徽州故里有元配妻室之外,另在客地娶妻,两妻各居两地,名分不分大小,故曰“两头大”。较于贪欢逐色、作奸犯科之徒,娶妾或娶“两头大”为封建社会一夫多妻婚姻制度所许可,亦可保持相对稳定的男女关系,然而毕竟亦是徽商商贾途中不甘孤身寂寞、寻求物欲享受的确凿表现。徽州素有早婚习俗,男子年满十二三岁,就得完婚,然后外出做生意,因前途莫测,有时需要几年、十几年甚至几十年,才能返乡省亲,因此,徽州商人在娶妾、宿娼方面,一反吝啬故习,往往不惜挥金如土。

第四,吝啬钱财。“二拍”中的徽商既有仗义疏财的一面,也有悭吝守财、吝啬刻薄的一面。二刻卷十五有云:“原来徽州人有个僻性,是‘乌纱帽’、‘红绣鞋’,一生只这两件不争银子,其余诸事悭吝了。”“徽人性悭”、“吝啬刻剥”在话本小说中被当做了“徽人僻性”。话本小说对徽商吝啬刻薄形象的镌刻,亦是可圈可点,跃然纸上。初刻卷十五徽商卫朝奉,被称为“爱财的魔君”,“平素是个极刻剥之人,有百般的昧心取利之法”。徽人经商缘由生计所迫,生活困顿、道途坎坷、行营艰辛,使他们倍加珍惜财资,致富之后仍不忘本,以俭朴传家,教育子弟,这对于他们进一步聚敛资金、扩大规模不无益处,故而"新都勤俭甲天下,故富亦甲天下"。

第四节 "合同文书"——明代商业词语分析

初刻卷一中的一段描述很有意思,先录如下:

> 遂叫店小二拿出文房四宝来,主人家将一张供单绵料纸折了一折,拿笔递与张大道:"有烦老客长做主,写个合同文书,好成交易。"……立合同议单张乘运等。今有苏州客人文实,海外带来大龟壳一个,投至波斯玛宝哈店,愿出银五万两买成。议定立契之后,一家交货,一家交银,各无翻悔。有翻悔者,罚契上加一。合同为照。一样两纸,后边写了年月日,下写张乘运为头,一连把在坐客人十来个写去。褚中颖因自己执笔,写了落末。年月前边空行中间,将两纸凑着,写了骑缝,一行两边各半,乃是"合同议约"四字。下写"客人文实,主人玛宝哈",各押了花押。单上有名,从后头写起。

这一段将双方做买卖的合同签订过程写得很详细,包括合同内容、行文方式、毁约罚金多少、担保人等,通过合同订立契约已经成为商业活动普遍使用的方式。古代商业通讯不畅通,各地物价会有很大的差距,信息在经商中的作用就显示了出来。如初刻卷一中的一段话颇有商业心得:那国里银子这样不值钱,如此做买卖,那久惯漂洋的带去多是绫罗段匹,何不多卖了些银钱回来,一发百倍了？看官有所不知，那国里见了绫罗等物，都是以货交兑。我这里人也只是要他货物，才有利钱。若是卖他银钱时，他都把龙凤人物的来交易，作了好价钱，分两也只得如此，反不便宜。如今是买吃口东西，他只认做把低钱交易，我却只管分两，所以得利了。说话的，你又说错了！依你说来，那航海的何不只买吃口东西，只换他低钱，岂不有利？用着重本钱置他货物怎地？看官，又不是这话。也是此人偶然有此横财，带去着了手。若是有心第二遭再带去，三五日不遇巧，等得希烂。那文若虚运未通时，卖扇子就是榜样。扇子还是放得起的，尚且如此，何况果品？是这样执一论不得的。

商人的目的就是赚钱盈利，在“二拍”中已有农业商品化的情况，二刻卷四《青楼市探人踪　红花场假鬼闹》中写道“杨佥宪有所红花场庄子，满地种着红花，广衍有一千余亩。每年卖那红花，有八九百两出息。”“新都专产红花，小的们晓得杨宦家中有个红花场，利息千金。”新都专门有种植红花这样的经济作物，形成规模效益。

商人重利，但也重义，“二拍”中描述商人爱财但取之有道。卷一中写波斯商人重利：“元来波斯胡以利为重，只看货单上有奇珍异宝值得上万者，就送在先席，余者看货轻重，挨次坐去，不论年纪，不论尊卑，一向做下的规矩。”但对于文若虚的鼍龙壳却又表现出爱财但取之有道的正气。请看下面这一段做生意的对话：

> 酒过三杯，主人就开口道：“敢问客长，适间此宝可肯卖否？”文若虚是个乖人，趁口答应道：“只要有好价钱，为甚不

卖?”那主人听得肯卖,不觉喜从天降,笑逐颜开,起身道:“果然肯卖,但凭分付价钱,不敢吝惜。”文若虚其实不知值多少:讨少了,怕不在行;讨多了,怕吃笑。忖了一忖,面红耳热,颠倒讨不出价钱来。张大便与文若虚丢个眼色,将手放在椅子背后,竖着三个指头,再把第二个指空中一撇,道:“索性讨他这些!”文若虚摇头,坚一指道:“这些我还讨不出口在这里。”却被主人看见道:“果是多少价钱?”张大捣一个鬼道:“依文先生手势,敢像要一万哩。”主人呵呵大笑,道:“这是不要卖,哄我而已。此等宝物,岂止此价钱?”众人见说,大家目睁口呆,都立起了身来,扯文若虚去商议,道:“造化!造化!想是值得多哩,我们实实不知如何定价。文先生不如开个大口,凭他还罢。”文若虚终是碍口识羞,待说又止。众人道:“不要不老气。”主人又催道:“实说说何妨?”文若虚只得讨了五万两。主人还摇头道:“罪过,罪过,没有此话!”扯着张大私问他道:“老客长们海外往来,不是一番了,人都叫你是‘张识货’,岂有不知此物就里的?必是无心卖他,奚落小肆罢了。”张大道:“实不瞒你说,这个是我的好朋友,同了海外顽耍的,故此不曾置货。适间此物,乃是避风海岛,偶然得来,不是出价置办的,故此不识得价钱。若果有这五万与他,勾他富贵一生,他也心满意足了。”主人道:“如此说,要你做个大大保人,当有重谢!万万不可翻悔。”

上述描述中将一群商人讨价还价的心思写得十分详细。文若虚一干人等并不知道这个龟壳的实际价值,都当做一个滞货,当听说有人要买时并没有当真,开始报价时,文若虚的心理有一番计较,讨少了,怕不在行;讨多了,怕吃笑。忖了一忖,面红耳热,颠倒讨不出价钱来。这个心理描写将文若虚经商经验不足的弊端暴露出来,但他到底是个心地宅厚之人,先自家脸红了。当信息相互不对称时,买家是知道龟壳的实际价值的,我们看买家玛宝哈并没有想着不择手段地将龟壳买到手,而是在文若虚初次报出一万的价钱时,他竟然说:"这是不要卖,哄我而已。此等宝物,岂止此价钱?"一再请文若虚再加价,以至于文若虚开了天价:五万,他还是觉得价低了。当得知文若虚愿意卖时,他们以契约形式订立合同,从这纸合同可以看出人们已经接受用契约的形式规范经济行为,商业信用开始建立,而且,即使知道了龟壳的实际价值,文若虚等也表现出诚实守信、知足讲理的德性。

"二拍"中并没有直接涉及商人盈利多少的内容,但如果所赚不多,恐怕没有人会从事这个行当。商人身带资本,奔波异地,经年累月不归家,还要顾忌路途安全,如没有较为丰厚的经济报酬,定不会形成气候。晚明虽然商业已然有了长足的发展,但是,从"二拍"中我们也可以看出,商业多规模较小,多为现货现金交易。商人都是携带现银到一个地区去采购物资。初刻卷八中的王生婶婶"杨氏就收拾起千金东西,交付与他。王生与一班为商的计议定了,说南京好做生意",带着千两银子出门到苏州采购货物,到南京去销售。有的销售完了之后,再携带银子回家乡。卷二中的刘东山卖完了骡马,得一百多两银子,放在兜里随身携带,十几斤的银子带在身上,出门很是不方便。这样不仅妨碍资本的周转,而且在资本大的情况下,非常不安全。卷八中的一个"久惯大客商,江行防盗,假意货苎麻,暗藏在捆内,瞒人眼目的。一船苎麻,共有五千两有余"。如此处心积虑地携带白银,但还是遇到了劫盗。外部的环境制约使得商业难得聚集大资本和形成市场信用,没有信用存款的机构,商人在有了大量的本金之后,多转为土地和房屋,即广置家产田宅,或放贷经营典当,有的干脆将银子埋在地下,以供不时之需。“二拍”中有人从地下掘出银子,有的数量多达千两。

晚明时期交通便利,加速了人员与商品的流动。经商出门一次的时间有长有短,有经年累月在外的,也有固定往返两地的,货物种类五花八门,布匹丝绸,人参药材,珍珠宝贝,盐粮水果,骡马牲口等涉及各类用品,行商的交通工具以车马、船只为主。卷四中的程元玉在川、陕间行商也以骑马为交通,二刻卷二十一中王氏兄弟雇了赶车的运送货物,不成想被赶车的卷了装银子的盒子跑了。通常北方行商,多为车马,而且雇车马也比较方便,卷三中刘东山往返京师和河间府做生意,“交易完了,至顺城门雇骡归家。在骡马主人店中,遇见一个邻舍张二郎入京来,同在店买饭吃”。刘东山“雇骡回家”一事并不是一件简简单单的事情。首先,出租骡子要成为一个固定的商业经营项目,要有相对长期的固定的客户往返,有去有回才能够保证出租骡马的收益;其次,骡马出租店还经营食宿,达到收益最大化;第三,出租骡马是一项长项业务,只有在行商人员与商品流量相对充足的情况下才能保证收益。

“二拍”中所述客商,活动范围多以南方为主,船成为人们出行的主要交通工具,通常搭雇内河船只载货,很少有自备船只。初刻卷十九,描写谢、段“两姓合为一家,同舟载货,往来吴楚之间。两家弟兄、子侄、童仆等众,约有数十余人,尽在船内。贸易顺济,辎重充盈。如是几年,江湖上多晓得是谢家船,昭耀耳目”。这段故事虽然说得是唐时的故事,但在细处的描写却是当时的情况,谢、段两家是自家有船,专门从事贩运货物。通常一般客商均需雇船,有专门包一船载运货物,如卷一中文若虚搭乘到海外贩海货的人的船只,“有几个走海泛货的邻近,做头的无非是张大、李二、赵甲、钱乙一班人,共四十余人,合了伙将行”。四十几人雇有出海之船。除此之外,还有城市之间的商业行船,卷八中王生出门做生意,从苏州到南京、扬州都是要“写(契约租)了一只满风梢的船”,从事专门航运业务在内河已是常事,航运的发达还表现在城市间的摆渡行船也有专门从业人员。

旅途中遇到劫盗是明代客商常有的事情。“二拍”中所描述的盗大致有两类,一类是盗亦有道之人。初刻卷三中的刘东山遇到的亦盗亦侠的一群人,各个身怀绝技,而且颇有行侠仗义之风。卷八中的王生遇到的那伙劫盗,以及陈大郎遇到的乌将军都是颇有仁义侠骨的盗,二刻卷二十七《伪汉裔夺妾山中　假将军还姝江上》中的江洋大盗柯氏兄弟也是颇有侠气之人,凌濛初对这类人是抱着欣赏和惋惜之情的,有诗为证:“曾闻盗亦有道,其间多有英雄。若逢真正豪杰,偏能掉臂于中。”在“二拍”中对盗的描述多有正面塑造,宣扬盗亦有道,指出这些为盗之人多是没有遇到明主的真正豪杰,若是遇到了,这些人都可以为官府出力,立功边疆。

另外一类是盗中恶徒,多是穷凶极恶、不得善终之人。初刻卷十九中的申春、申兰,杀人越货,劫掠江湖,危害一方,把谢小娥一家杀尽,抢劫了一船的钱物。初刻卷二十七中,崔俊臣所雇“一只苏州大船,惯走杭州路的”,结果船家顾阿秀看到崔俊臣箱中带来的金银杯觥之类就起不良之心,将崔氏一船人都杀了,劫了财物。针对路途上船主、车夫可能见财起歹心,明代有专门给商人们旅行提醒用的告示，均劝告客商为了旅途安全，所有财物不要显露，“逢人不可露帛，处室亦要深藏，乘船登岸，宿店野行，所佩财帛，均宜谨密收藏，应用盘缠，少留在外。若不仔细，显露被人瞧见，致起歹心，丧命倾财，殆由于此。”①二刻卷二十一中的王氏兄弟所为堪称此告示的注脚。王禄死后，兄弟王爵将其殓棺，将所挣的三千两银子都藏在了棺木里，并且不让仆人看见，另外将“银五百两装在一个大匣之内，将一百多两零碎银子、金首饰二副，放在随身行囊中，一路使用”。这些钱是用来迷惑外人的，对此王爵的解释是：“一个大客商尸棺回去，难道几百两银子也没有的？别人疑心起来，反要搜根剔齿，便不妙了。不如放此一匣在行李中，也勾看得沉重，别人便再不疑心还有什么了。”“北地里回头车子”车户李旺正是“见匣子沉重，晓得是银子在内”，半夜趁人睡熟时离了店，偷了王氏兄弟的五百两银子逃了出去。而王氏兄弟藏在棺木中的银子顺利带回了老家。

晚明的商业活动是社会经济的新的活跃点，与社会各阶层生活息息相关，改变着人们的生活方式，对整个社会的政治、经济、文化及人们的思维行为等都有巨大影响。大批文人学士加入商人行列，晚明社会弃儒就贾、弃文从商蔚然成风。正德、嘉靖年间，江南士人开店设铺的不计其数。有专门经营文化商业活动的，如经营书铺、字画铺、香铺、古董铺等。苏州孙春阳铺主，万历应试不第，遂弃举业经营贸易，从一个小铺发展到清代颇具规模、制度健全、专制专卖南货精品的名店，成为大商人。“其为铺也，如州县署，亦

---

① 黄仁宇：《放宽历史的视界》，生活·读书·新知三联书店2007年版，第15页。

有六房，曰南北货房、海货房、腌腊房、酱货房、蜜饯房、蜡烛房，售者由柜上给钱取一票，自往各房发货，而管总者掌其纲，一日一小结，一年一大结。自明至清已二百三四十年，子孙尚食其利，无他姓顶代者。吴中五方杂处，为东南一大都会，群货聚集，何啻数十万家，惟孙春阳为前明旧业。”①即便是凌濛初自己，也是当时刻书世家，虽然没有弃文从商，但家庭之商业氛围也源远流长。

① 〔清〕钱泳：《履园丛话》（下）卷二四《杂记下 · 孙春阳》，中华书局1979年版，第640~641页。

第五章

“二拍”与宗教文化变迁

明代佛教世俗化倾向成为潮流，与儒教相互融合明显，晚明时期，阳明心学与禅宗更是打成一片，互相影响。禅宗直指本心，否定外在权威，强调自性自度，在市民阶层受到欢迎。这些思想上的变化对小说都产生了很大的影响，话本小说中反映的晚明社会价值观念、思维方式、主题、人物等都有来自宗教的印记，如在“二拍”中有一个多次宣讲的主题——因果报应就有着鲜明的佛教色彩。道教在晚明时期因嘉靖帝的虔信而大行于世，嘉靖对道士、方士加官晋爵，崇道之祸使“民穷财竭，士风渐离”。晚明时期三教在社会中诸多影响，共同之处在于促进了整个社会思潮发生了变化。透过分析宗教在“二拍”中的作用，就可以分析晚明时期宗教在社会不同层面的作用，包括家庭整合中的宗教，社会和经济团体中的宗教，社区层面的宗教活动，宗教的政治作用，天命信仰，政治伦理信仰，国家对宗教的控制，宗教与政治暴乱，宗教和传统道德秩序等，可以说，宗教无处不在市民生活中，以市民生活的集体性活动为特征，通过天命信仰，宗教与政治伦理结合在一起。民众的宗教生活是以神明、灵魂的观念为中心的，“二拍”中大量的因果报应的故事绝不是简单的劝诫与宣教，这是当时中国人对于宗教的超自然因素的表达：与之相关的词是“迷信”，成为当下中国古代宗教生活的认识特征。迷信在超自然力和由此产生的活动、仪式方面是一个未经鉴别而被接受的信仰，他不仅显示着有关自然和人事的非经验性的解释，而且表明人类企图通过主动的控制和被动的逃避来操纵超自然力量的愿望。由于很长一段时间以来，我们对于迷信一词所赋予的否定评价，使我们丧失了由这一词所表达的现象来探究宗教在中国社会生活的普遍意义。我们将迷信与愚昧、宗教与鸦片等否定性词联系在了一起，也就让我们把从文化的角度看待宗教以及宗教在社会生活的作用呈现出幻像以致产生错觉、偏差。

第一节　无处不在的宗教意识

在世界的三大文明欧洲、印度和中国体系中，宗教在中国社会中发挥的作用和显示的地位最为模糊和不般配。一些学者认为：“中国是个没有宗教的国家，中华民族是个不迷信宗教的民族。”①胡适的论断虽然武断，但持此看法的当不在少数。梁漱溟就指出：“世界上宗教最微弱的地方就是中国，最淡于宗教的人是中国人，而此时宗教最式微，此时人最淡于宗教；中国偶有宗教多出于低等动机，其高等动机不成功宗教而别走一路，而此时便是这样别走一路，其路还即是中国走过的那路，中国的哲学几以研究人生占他的

① 胡适：《胡适文存三集》（第一卷），亚东图书馆1930年版，第122页。

全部，而此时的哲学亦大有此形势，诸如此类，不必细数。”①胡、梁二位的观点可以说具有一定的代表性。持此观点的一个视角，就是将中国的宗教与西方的宗教进行对比，加以区分得出的结论，这是一个以西方价值为标准进行比较得出的结论。

我们不去对何以宗教在中国文化中呈现如此景观追根溯源，仅就文学作品中的表现而论，宗教在中国文化以及社会生活中的地位和作用也足以让我们感到宗教无处不在。美国学者杨庆堃从社会学的角度出发，经过缜密论证，认为“在中国广袤的土地上，几乎每个角落都有寺院、祠堂、神坛和拜神的地方，寺院、神坛散落于各处，比比皆是，表明宗教在中国社会强大的、无所不在的影响力，他们是一个社会现实的象征”。② 基于这一现实，我们在“二拍”的研究中考察当时的社会生活，尤其是“二拍”所描述的市民社会，可以毫不夸张地说，宗教在“二拍”的世界中无处不在，比比皆是。

“二拍”全部共计78篇小说，据笔者不完全统计，其中涉及寺院、法术、占卜、神仙鬼怪、道士僧尼等，初刻有20篇，二刻有18篇，合计38篇，几占一半；涉及寺院、僧尼的篇目有20篇，其中初刻13篇、二刻7篇；涉及道士、道教的篇目共计10篇，初刻5篇、二刻5篇；涉及祠堂、神仙法术、鬼怪等民间信仰的篇目有8篇。“二拍”以市民为主体展示了晚明时期的社会生活情况，如此多的佛教、道教以及民间信仰内容在小说中出现可以看出，宗教在当时市民生活中的分布、作用以及影响。实际上，宗教在晚明社

① 梁漱溟：《东西文化及其哲学》，商务印书馆1999年版，第200页。

② 杨庆堃著，范丽珠译：《中国社会中的宗教》，上海人民出版社2007年版，第24页。

会老百姓的日常生活中有着多样的影响和作用。“二拍”中有大量寺院、道观出现,寺院渗入到百姓的日常生活中,寺院在社会中也发挥着各种各样的功能和作用。“二拍”中的寺院统计表详列如下:

初刻	篇名	寺观名	作用	地点	人物
卷五	《感神媒张德容遇虎凑吉日裴越客乘龙》	虎媒祠	虎媒人,求婚姻	黔峡夷洲	
卷六	《酒下酒赵尼媪迷花机中机贾秀才报怨》	静乐院、观音庵	观音	京师	院主慧澄、赵尼媪
卷七	《唐明皇好道集奇人武惠妃崇禅斗异法》	好道异事		京城	张果、罗公远
卷八	《乌将军一饭必酬 陈大郎三人重会》	普陀珞珈山	观音大士烧香求子	南海	观音菩萨
卷九	《宣徽院仕女秋千会清安寺夫妇笑啼缘》	清安寺	停棺柩下葬等	京师	和尚若干
卷十五	《卫朝奉狠心盘贵产陈秀才巧计赚原房》	昭庆寺	放高利贷	杭州西湖	慧空
卷十七	《西山观设箓度亡魂开封府备棺追活命》	西山观	度亡魂超度亡夫	斋醮功	黄妙修
卷十八	《丹客半黍九还 富翁千金一笑》	云台观	炼丹	松江	
卷十九	《李公佐巧解梦中言谢小娥智擒船上盗》	妙果寺	收管犯人	建业上云县、京师	净悟、谢小娥
		善义寺、大士庵		长安	大德
		尼庵开元寺		牛头山泗州	

（续表）

初刻	篇名	寺观名	作用	地点	人物
卷二十	《李克让竟达空函 刘元普双生贵子》	小堂子	五显财神灵官	酒肆堂子	熊店主
卷二十四	《盐官邑老魔魅色 会稽山大士诛邪》	弘济寺、观音阁	僧人杀人夺财	金陵燕子矶	两个寺僧
		三天竺	观音除恶	杭州	观世音
卷二十六	《夺风情村妇捐躯 假天语幕僚断狱》	庆福寺	淫藏妇女、读书	临安	寺僧广明
		太平禅寺	诱奸妇女	汶川县	大觉、智圆
卷二十七	《顾阿秀喜舍檀那物 崔俊臣巧会芙蓉屏》	庵院	偏僻清修，帮助落难妇女	苏州城外	王氏
卷二十八	《金光洞主谈旧迹 玉虚尊者悟前身》	金光洞	玉虚洞	修行无上菩提	西方
卷三十一	《何道士因术成奸 周经历因奸破贼》	玄武庙	白莲教造反	山东青州府莱阳县	何正寅、唐赛儿
卷三十四	《闻人生野战翠浮庵 静观尼昼锦黄沙弄》	功德庵	富家自造，给家眷打发日子	苏州府城	王尼姑
		翠浮庵	淫奸妇女、贪些风月	杭州西溪	静观
卷三十六	《东廊僧怠招魔 黑衣盗奸生杀》	宫山院宇	修行20余年	山东沂州	东西廊僧人
卷三十七	《屈突仲任酷杀众生 郓州司马冥全内侄》	杀生报应			
卷三十九	《乔势天师禳旱魃 秉诚县令召甘露》	金山庙、城隍庙	起兵助阵、祈雨就旱	华亭晋阳	天师女巫

（续表）

初刻	篇名	寺观名	作用	地点	人物
卷四十	《华阴道独逢异客 江陵郡三拆仙书》	育王寺	读书	宁波鉴湖	两生读书
		青龙寺	帮助夜行客提供食宿	长安	主僧

初刻共20篇:13篇为寺院,4篇为道,1篇为佛,2篇为祠堂。

二刻	篇名	寺观名	作用	地点	人物
卷一	《进香客莽看金刚经 出狱僧巧完法会分》	洞庭山寺	白居易手书金刚经一卷,藏经	吴中太湖	山僧
卷二	《小道人一着饶天下 女棋童两局注终身》		穿道士服出游天下	北方	周国能
卷三	《权学士权认远乡姑 白孺人白嫁亲生女》	明波庵	大家往来,礼度熟闲,世情透彻	吴门城外	妙道
卷十三	《鹿胎庵客人作寺主 剡溪里旧鬼借新尸》	鹿胎庵	竹林寺做入棺功德,坐堂法事经箱	会稽县	竹林行者
卷十七	《同窗友认假作真 女秀才移花接木》		占卜婚嫁暗卜一封		闻俊卿
卷十八	《甄监生浪吞秘药 春花婢误泄风情》		房中术炼丹	山东	甑监生
卷二十	《贾廉访赝行府牒 商功父阴摄江巡》		焚香祷请,玄天上帝画禄		功夫
卷二十一	《许察院感梦擒僧 王氏子因风获盗》	尼姑庵	真静与人奸宿	开河集	真静
		光善寺	无尘杀人	开河集	无尘
卷二十四	《庵内看恶鬼善神 井中谭前因后果》	道庵	百岁道士,修行,香客人		轩辕翁

（续表）

二刻	篇名	寺观名	作用	地点	人物
卷二十六	《懵教官爱女不受报 穷庠生助师得令终》	乡间古庙	菩萨前发泄胸中不平气	湖州太湖边	高广
卷二十八	《程朝奉单遇无头妇 王通判双雪不明冤》	古庙	求人布施蔽梆，乞化	宁国府	游僧
卷三十六	《王渔翁舍镜崇三宝 白水僧盗物丧双生》	白水禅寺	宝镜供奉，法轮以假换真	峨眉山	法轮真空
卷三十八	《两错认莫大姐私奔 再成交杨二郎正本》	岳庙	妇女到岳庙祈愿游玩	北方	莫大姐
卷三十九	《神偷寄兴一枝梅 侠盗惯行三昧戏》	东道堂	道士	苏州	道士

二刻 7 篇为寺院，5 篇为道士，6 篇为涉神的鬼怪，其中 1 篇只是为穿道服行走江湖方便。杨庆堃认为："某种寺院类型频繁出现，表明一个全民共有的民间宗教体系的存在。寺院碑记得到大量使用，这些碑记以溢美之词，记载着该庙所供神明的圣行和功能，有助于观察民间信仰和社会生活间的关系。"①笔者通过寺院等与宗教相关的各类事物及用语在"二拍"中的出现，来蠡测"二拍"时代的市民社会生活与信仰观念的关系。

第一，寺院僧尼的社会功能。佛教的寺院、僧尼在"二拍"中出现的次数不在少数。初刻中有卷六、八、九、十五、十九、二十四、二十六、二十七、二十八、三十四、三十六、四十等十二篇为佛教内容出现的篇目，二刻中有卷一、三、十三、二十一、二十六、二十八、三

① 杨庆堃著，范丽珠译：《中国社会中的宗教》，上海人民出版社 2007 年版，第 36 页。

十六等七篇为佛教内容出现的篇目。寺院僧尼在社会生活中的作用，一是交往士绅人家。有些僧道因有一技之长，出入于士绅之家，为其提供宗教服务；有些僧道是因为谙熟做人之道，所以深得士绅的喜爱。初刻卷二十六《夺风情村妇捐躯　假天语幕僚断狱》中的寺僧广明就是这样的人，他不仅"做人俊爽风流，好与官员士子每往来"，亦且"衣钵充轫，家道从容，所以士人每喜与他交游"。

二是做佛事或讲经以消遣。如初刻卷六中的巫娘子与当地观音庵中的赵尼姑相熟，初刻卷三十四中男扮女装的尼姑借佛事活动奸骗妇女。有的大户人家自家建有祠堂或家庵。初刻卷三十四《闻人生野战翠浮庵　静观尼昼锦黄沙弄》中闻人生的姑姑"极是奉佛。家里庄上，造得有小庵，晨昏不断香火"。闻人生就将静观送到庵里头暂住。

三是寺院为落魄之人提供庇护或为家贫的士子提供读书之地。初刻卷二十六的故事就以杜氏到太平禅寺避雨为源头。寺院及僧众毕竟以慈悲为怀，对于落难之人能够出手相救则救，有时将受到巨大打击、厌倦尘世的人收为弟子，初刻卷十九《李公佐巧解梦中言　谢小娥智擒船上盗》中的谢小娥在一家人都被强盗杀害之后，无处可去，遂到建业上元县妙果寺出家，日间在外乞化，晚间便归寺中安宿。在为父报仇之后，最后在开元寺出家。初刻卷二十七《顾阿秀喜舍檀那物　崔俊臣巧会芙蓉屏》中的王氏在被船家打劫之后逃了出来，走投无路在庵院落了发，法名叫做慧圆，拜院主做了师父，在尼院中住下了。初刻卷四十《华阴道独逢异客　江陵郡三拆仙书》中宁波两书生在寺中读书。二刻卷三十九《神偷寄兴一枝梅　侠盗惯行三昧戏》中的懒龙母亲偶然走路遇着天雨，走到一所枯庙中避着，却是草鞋三郎庙。其母坐久，雨尚不住，昏昏睡去,梦见神道与他交感,遂生下懒龙。懒龙收拾起偷盗手段,再不试用,实实卖卜度日。栖迟长于寺中,数年竟得善终。

四是僧尼道士为丧葬提供服务,寺院为人死后停尸棺柩提供场所。初刻卷九《宣徽院仕女秋千会　清安寺夫妇笑啼缘》中的宣徽使"只得买了一副重价的棺木,尽将平日房奁、首饰、珠玉及两番夫家聘物,尽情纳在棺内入殓,将棺木暂寄清安寺中"。卷十三《鹿胎庵客人作寺主　剡溪里旧鬼借新尸》僧家给丧葬人家做法事,鹿胎庵有一僧号竹林。剡溪里有个张姓的人家,家长新死,将入殡殓,来请庵僧竹林去做入棺功德,竹林叫行僮挑了法事经箱,随着就去。

对僧尼的态度,初刻卷六《酒下酒赵尼媪迷花　机中机贾秀才报怨》中的一段话很有代表性:"话说三姑六婆,最是人家不可与他往来出入。盖是此辈功夫又闲,心计又巧,亦且走过千家万户,见识又多,路数又熟。不要说有些不正气的妇女,十个着了九个儿,就是一些针缝也没有的,他会千方百计弄出机关,智赛良、平,辨同何、贾,无事诱出有事来。所以宦户人家有正经的,往往大张告示,不许出入。""二拍"中的僧尼反面形象居多,僧尼、道士积极加入世俗生活的表象背后,是他们不能破除钱、色欲望的魔咒,追逐名利,贪图享乐,同时也是世俗世界的人们对于理应守清规戒律的僧尼们破戒给予更多的关注。

第二,道家、道士和道教的作用。在"二拍"中共有 10 篇与道教或道士有关的故事(初刻和二刻各有 5 篇)。整体来说,小说对道家、道士和道教评价不甚看好。初刻 5 篇中有 4 篇的道士都是以反面人物形象出现的。卷七中简述了唐代张果等几个道士的轶事,卷十七中的道士是典型的荒淫之徒。卷十八和卷三十九中的道士都是骗子的代名词。二刻中的道士大抵如此。仅在卷二十四中有一位百岁道士轩辕翁修行行善，卷二中的小道士周国能仅仅是穿着道服游走天下，以下棋为生，因为"棋名既出，又兼年小希罕，便有官员士夫、王孙公子与他往来。又有那不伏气甘折本的小二哥与他赌赛，十两五两输与他的。国能渐渐手头饶裕，礼度熟闲，性格高傲，变尽了村童气质，弄做个斯文模样……你道他怎生打扮？头戴包巾，脚蹬方履。身上穿浅地深缘的蓝服，腰间系一坠两股的黄绦。若非葛稚川侍炼药的丹童，便是董双成同思凡的道侣。说这国能葛巾野服，扮做了道童模样"。

在初刻卷十七《西山观设箓度亡魂　开封府备棺追活命》一篇中，直接对道家进行了分析和批判。认为道教中分为正、邪两派，源出一门，但如果用法术做了坏事，就成了妖道，最终被仙道所剿灭。小说讲了两个道士为非作歹的故事，结果是两个人都不得善终：任道远疮痛数日，扑地而死；黄妙修借做法事为名，与女主人吴氏勾搭成奸，最后被加力行杖带活放在棺中，钉死在棺材里。对于道教的褒贬，虽然只是小说家不假思索的臆想，但流露出的是传统中国社会对道教的普遍观念，反映出人们对道家的认识。

宗教与政治暴乱联系在一起，几乎历朝历代不绝。梁启超认为："就中国原有的宗教讲，先秦没有宗教，后来只有道教，又很无聊。做中国史，把道教叙述上去，可以说是大羞耻。他们所做的事，对于民族毫无利益；而且以左道惑众，扰乱治安，历代不绝。"①初刻卷三十一《何道士因术成奸　周经历因奸破贼》所描述的玄武庙道士何正寅与唐赛儿先是勾搭成奸，然后又聚众造反，"从着白

① 梁启超：《中国历史研究法》，人民出版社 2005 年版，第 304 页。

莲教,到处啃聚倡乱",正是梁启超这段话最清晰的注脚。

道家和道士在"二拍"中往往被塑造成骗子的代名词。初刻卷十八中的松江富翁潘监生酷信丹术,以为炼丹能得到金银财物,结果被丹客欺骗,最后落得个"头发纷披",家道窘困。作者对潘监生这样的人极尽嘲讽:寻他去做"外护",只为一点爱根不断,累他丹鼎飞败。如今这些贪人,拥着娇妻美妾,求田问舍,损人肥己,掂斤播两,何等肚肠!寻着一伙酒肉道人,指望炼成了丹,要受用一世,遗之子孙,岂不痴了?只叫他把"内丹成,外丹亦成"这两句想一想,难道是掉起内养工夫,单单弄那银子的?初刻卷三十九中晋阳大旱,狄县令重金聘请游方道士郭天师施道术祈雨,结果上当受骗,道士也因骗术被揭穿而被杀。二刻卷十八《甄监生浪吞秘药　春花婢误泄风情》中的甄监生笃好炼丹神仙黄白之术,不仅被方士骗去了钱财,又听信了方士玄玄子的话,结果因纵淫而命丧黄泉。

在"二拍"中,道士成为被嘲讽、戏弄的对象。二刻卷三十九《神偷寄兴一枝梅　侠盗惯行三昧戏》中懒龙将白云房的道士戏耍了一番。"苏州新兴百柱帽,少年浮浪的,无不戴着装幌。南园侧东道堂白云房一起道士,多私下置一顶,以备出去游耍,好装俗家。"神偷懒龙乘着众道解衣脱帽、纵酒欢呼的时候把道士的新帽掉了包,败坏了道士们出去玩乐喝酒的兴致。

"二拍"中对于道教和道士的批评和讽刺可以说毫不留情,全面否定。道士没一个好东西,要么非奸即盗,要不就是坑蒙拐骗,结果没有一个好下场,不是身败名裂,就是死于非命。初刻卷七《唐明皇好道集奇人　武惠妃崇禅斗异法》中主要讲述唐玄宗是孔升真人转世,所以一心好道,一时有道术的,如张果、叶法善、罗公远诸仙众异人的奇闻逸事。虽然没有直截了当地批评,但通过唐明皇好道误了国事，也是隐含着对他的批评。本卷中的所有道士虽然有异能，但都只会取悦于皇帝，作者的冷眼也是明显的。“二拍”的这种批判态度有其社会背景和原因。明代建立之初，对道教和所有宗教都采取了利用与检束相结合的政策，笼络其主要人物，控制其势力发展。但在中后期以后，宠信道士之风越发炽热，究其原因，与崇信道家方术和炼丹有很大关系。宪宗朱见深对道士滥加恩泽，分封大批道士，孝宗朱祐樘本人因丹药而死。宠信道士在明世宗朝达到顶峰。首先他对道士恩典最滥，邵元节等以方术被封一品之位，其他以术进封者数十辈；其次，世宗笃信道教的阴阳采补之说，方术举不胜举；其三，世宗滥行斋醮，凡事无大小系请于神；第四，世宗在崇道上花费无度甚于前代。① 最终，他也服丹中毒而死。他崇道之祸使“民穷财竭，士风渐离”，明朝从此一蹶不振。道教经过这几位皇帝的关爱，虽然发展壮大起来，但不可避免地成为统治集团的利益工具，道教和道士在组织官僚化之后，自身迅速腐败蜕化，为非作歹，侵夺田舍，害人性命，贪财好色，成为危害社会的一股歪风势力。世宗死后，道士受到惩处，道教和道士在社会上的声誉一落千丈，成为人人喊打的过街老鼠，成为市井细民饭后的谈资和嬉戏对象。

第二节 各显神通的民间神仙鬼怪
——宗教日常仪式的分析

“二拍”中描述了大量被供奉、崇拜的各种各样的神灵，神灵都

① 何其敏：《中国明代宗教史》，人民出版社 1994 年版，第 56 页。

拥有超自然的力量，诸如保佑开店的五显灵官，祈求婚姻屡屡灵验的虎媒祠堂，让人诉苦的东岳庙，祈求生子的观音大士，生者的魂灵到天上或者到地狱去申诉寻求公正，死者托梦讲述冤情或秘密，神仙显灵铲除妖邪，海神保佑致富和避免灾难。这些诉求，说到底，是借助天上的神明或者阴间的权威，来实现现实社会的道德秩序，对老百姓来说，现实的种种不平无法公正，在宗教的形式里反映出来，是一种多功能性的解释。在民众的宗教生活里，有关上天和阴间的观念反映的是道德的启示，通过上天奖赏善事，阴间地府来惩罚恶行，实现惩恶扬善，给人以希望，用超自然的因素来平衡各种不幸，给人以心灵的慰藉，这样对上天和阴间权威的崇拜就发挥着维护社会道德秩序的重要功能。例如，初刻卷三十九《乔势天师禳旱魃　秉诚县令召甘霖》华亭金山庙临海边，乃是汉霍将军祠。当地人相传钱王霸吴越时，他曾起阴兵相助，故此崇建灵宫。晋阳大旱，狄县令到祠祈雨。天师同女巫一同上坛来做道场求雨。一个地方如果不下雨，在民众的思想里会认为这是上天所给的惩罚，需要祈祷，得到上天的宽恕，这个地方才能够风调雨顺。

有些神庙没有特别的功能，但是给予个人或群体以普遍的保佑，人们在为其私人或公共的事情祈祷，随时都会去这样的寺庙。可能当时的乡间多有古庙等宗教场所，二刻卷二十六《懵教官爱女不受报　穷庠生助师得令终》有这样的一个细节：高老头在女儿处受了气，噙着眼泪，走到路傍一个古庙里坐着，越想越气，累天倒地的哭了一回。猛想道："我做了一世的儒生，老来弄得这等光景，要这性命做甚么？我把胸中气不忿处，哭告菩萨一番，就在这里寻个自尽罢了。"可见人们在受到委屈时会想到在神灵前祷告作为一种宣泄和寄托。这是一个下意识的选择，因此，也就更具有代表性。

或者急迫需要供奉祈祷神明，在要求赎罪补救的动机下，人们很快会去到现有的庙宇祷告。二刻卷二十《贾廉访赝行府牒　商功父阴摄江巡》中商小姐见说公公在阴间如此受苦，心中感动，商议要设建一个醮坛，替廉访解释罪业。维护的就是社会道德秩序，生前作恶，死后受罪，需要后代给予赎救。由于商功父刚正好义，被阿府暂充贺江地方巡按使者……空中所到之处，神祇参谒。但见华盖山、目岩山、白云山、荣山、歌山、泰山、蒙山、独山许多山神，昭潭洞、平乐溪、考槃涧、龙门滩、感应泉、漓江、富江、荔江许多水神，多来以次相见，待功父以上司之礼，各执文簿呈递。公吏就请功父一一查勘。查有境中某家，肯行好事，积有年数，神不开报，以致久受困穷；某家惯作歹事，恶贯已盈，神不开报，以致尚享福泽；某家外假虚名，存心不善，错认做好人，冒受好报；某家迹蒙暧昧，心地光明，错认做歪人，久行废弃；以至山中虎狼食人，川中波涛溺人，有冥数不该，不行分别，误伤性命的，多一一诘责，据案部判，随人善恶细微，各彰报应。诸神奉职不谨，各量申罚。”借助神灵，正义的官员商功父实现了扬善惩恶，维护了社会道德的声誉。

也有一些民间宗教仪式，只是提供一个民间聚会的由头，可从中一窥民间宗教的日常仪式。民间的社火“凡一应吹箫、打鼓、踢球、放弹、抅拦、傀儡、五花爨弄，诸般戏具，尽皆施呈，却像献来与神道观玩的意思，其实只是人扶人兴，大家笑耍取乐而已。所以王孙公子，尽有携酒挟伎，特来观看的。直待诸戏尽完，赛神礼毕，大众齐散，止留下主会几个父老，亭中同分神福，享其祭馀，尽醉方休。”

其他民间信仰中的祠堂、供神、鬼怪等内容有家庭整合中的宗教，主要表现在与家庭生活相关联的活动。初刻卷五《感神媒张德

容遇虎　凑吉日裴越客乘龙》中，裴、张两家婚姻事皆系前定，李老占了一卦，算定了婚姻的时间和地点。后来张家小姐被老虎驮来成亲，当地的人们个个奇骇，于是“各处立起个虎媒之祠，但是有婚姻求合的，虔诚祈祷，无有不应。至今黔、峡之间，香火不绝”。在中国的民间，多神崇拜一直是一个传统，人们为不同的目的向不同的神明祈祷，只要这个神明灵验，不管他是什么，香火都会旺盛。由于婚姻是民间生活的大事，因此，能主婚姻的神明受到格外重视。这一类与家庭相关联的崇拜，还包括生殖崇拜，对观音及送子娘娘的崇拜等在“二拍”中都有描述。初刻卷八《乌将军一饭必酬　陈大郎三人重会》，陈大郎只为做亲了数年，并不曾生得男女，夫妻两个发心，要往南海普陀珞伽山观音大士处烧香求子。陈大郎猛然想着道：“今月十九日是观音菩萨生日，何不到彼进香还愿？一来祈求的观音报应，二来看些浙江景致，消遣闷怀，就便做些买卖。”人们在遇到困难的时候会主动想到宗教，希望得到神明的保佑，但是，拜神烧香也会和世俗的事务相结合一起办理，从中可以看出对宗教的实用性的追求，灵则拜，不灵就有可能转拜别的神明，正是因为陈大郎拜普陀灵验，“从此大郎夫妻年年到普陀进香”。

二刻卷三十八《两错认莫大姐私奔　再成交杨二郎正本》中说道莫大姐：“因是闷得不耐烦，问了丈夫，同了邻舍两三个妇女们约了，要到岳庙里烧一炷香……当下莫大姐自同一伙女伴，带了纸马酒盒，抬着轿，飘飘逸逸的出门去了。”女人可以去岳庙烧香，而且还能够邀着一伙女人一同出门。无赖郁盛“看了轿上挂着纸钱，晓得是岳庙进香，又有闲的挑着盒担，乃是女眷们游耍吃酒的”，于是就埋下了圈套勾引莫大姐。从这一段描写我们可以看出妇女去岳庙进香在当时应是十分普遍的,外人看了她们的行头就知道去干什么。

占卜在民间社会生活中有着随处可行、人人皆信的作用和地位,而且方式多种多样。二刻卷十七中女扮男装的闻俊卿,与杜子中、魏撰之两个同窗好友产生了爱情,在两难选择之中,她采取了以箭射乌鸦卜其心事的办法决定谁拾到箭就许配给谁。

初刻卷二十《李克让竟达空函　刘元普双生贵子》:主家间壁,是一座酒肆,店主唤做熊敬溪。店前一个小小堂子,供着五显灵官(五显灵官五路财神,即民间所供奉的财神爷)。熊店主得其一梦,梦见那五位尊神让他垒墙和拆墙。初刻卷九,观音大师显灵后,众人齐心协力,在山岭建庙,祭祀观音,祈求保佑。神仙鬼怪在当时的人的意识里,还是认为存在的。二刻中的一段入话很能代表多数人的看法。晋时有个阮修,表字宣子。他一生不信有鬼,特作一篇《无鬼论》。他说道:“今人见鬼者,多说他着活时节衣服。这等说起来,人死有鬼,衣服也有鬼了。”一日有个书生来拜他,极论鬼神之事。一个说无,一个说有,两下辨论多时。宣子口才便捷,书生看看说不过了,立起身来道:“君家不信,难以置辨。只眼前有一件大证见,身即是鬼,岂可说无耶?”言毕,忽然不见。宣子惊得木呆,嘿然而惭。这也是他见不到处。所以古人说:“当令死者复生,生者可以不愧,方是忠臣义士。”而今世上的人,可以见得死者的能有几个?只为欺死鬼无知。若是见了显灵的,可也害怕哩。初刻卷七、卷三十一等都是神仙道士借助威力无边的法术降妖除怪的故事。

第三节 “口头禅”——轮回中的宗教语言

“口头禅”本来是指和尚常说的禅语或佛号。如和尚开口前会高念阿弥陀佛。“口头禅”最早见于宋人王楙《野客丛书》诗句：“平生不做口头禅，脚踏实地性虚天。”借用口头禅的语义指向，在“二拍”中出现的与宗教有关的常用语，可以说明宗教文化对日常生活语言的影响。由于“二拍”中的宗教文化描述随处可见，常见的俗语也没有脱去佛语气息。如“一饮一啄，莫非前定”一语，此语源自庄子，经与佛教话语的糅合，表达了佛教的轮回观念。据统计，此句在“二拍”中出现了5次，依次如下：初刻卷一《转运汉遇巧洞庭红 波斯胡指破鼍龙壳》：“可见一饮一啄，莫非前定。不该是他的东西，不要说八百两，就是三两也得不去。”卷十《韩秀才乘乱聘娇妻 吴太守怜才主姻簿》：“看官有所不知，就是会择婿的，也都要跟着命走，一饮一啄，莫非前定。却毕竟不如嫁了个读书人，到底不是个没望头的。”卷十二《陶家翁大雨留宾 蒋震卿片言得妇》：“诗曰：一饮一啄，莫非前定。一时戏语，终身话柄。话说人生万事，前数已定。”卷三十四《闻人生野战翠浮庵 静观尼昼锦黄沙弄》：“看官听说，你却不知一饮一啄，莫非前定。夫妻自不必说，就是些闲花野草，也只是前世的缘分。”二刻卷四《青楼市探人踪 红花场假鬼闹》：“纪老三道：一饮一啄，莫非前定。若不是大哥、三哥来，这两滴酒几时能勾到他泉下？”这句带有很深佛家色彩的话语在小说中反复出现，一方面可以看出此句在社会中的流行程度，“二拍”用话本的语言写成，大量采用当时口语，此句当为流行语常挂于民众口头,用来解释生活中的因果。另一方面,可以看出佛家讲前世、重因果的思想在民众中的影响,此句颇有百姓日常用语的口头禅的意味。

我们再看一句具有日常用语口头禅意味的句子。“一佛出世,二佛升天”,意即死去活来。佛家以生为出世,以死为升天。“二拍”中此句共出现6次,初刻卷二十《李克让竟达空函　刘元普双生贵子》:“兰孙得了这个消息,还算是黄连树下弹琴,苦中取乐。将身边所剩余银,买口棺木,雇人抬出尸首,盛殓好了,停在清真观中。做些羹饭,浇奠了一番,又哭得一佛出世。”卷二十三《大姊魂游完宿愿　小姨病起续前缘》:“合家见防御说得伤心,一齐号哭起来,直哭得一佛出世,二佛生天,连崔生也不知陪下了多少眼泪。”二刻卷五《襄敏公元宵失子　十三郎五岁朝天》中写道:“父母与合家人等看见头髟鬓乱,满面泪痕,抱着大哭。真珠姬一发乱攧乱掷,哭得一佛出世,二佛生天。直等哭得尽情了,方才把前时失去、今日归来的事端,一五一十告诉了一遍。”卷十八《甄监生浪吞秘药　春花婢误泄风情》中写道:“当日把玄玄子夹得一佛出世,二佛生天,又打勾一二百榔头。”卷三十六《王渔翁舍镜崇三宝　白水僧盗物丧双生》中写道“:喝叫皂隶拖番,将法轮打得一佛出世,二佛涅槃,收在监中了。”卷三十八《两错认莫大姐私奔　再成交杨二郎正本》中写道:“遂把李三上起刑法来,打得一佛出世,二佛生天,只不肯招。”此句与上一句“一饮一啄,莫非前定”在作用上有所不同。“二拍”中的多数俗语至今仍在广泛使用,在这些俗、谚语中表达的最多的观念就是因果报应的轮回思想。通过对比我们发现,与宗教相关或关于因果报应的思想的俗语在“二拍”中使用明显多于“三言”,如“一佛出世,二佛升天”,“二拍”出现6次,“三言”仅1

次;“一饮一啄,莫非前定”,“二拍”出现5次,“三言”仅1次。

《金刚经》在晚明时期流行甚广,“二拍”中可见一二。二刻卷一《进香客莽看金刚经　出狱僧巧完法分会》描述的就是一段与《金刚经》有关的故事,显然在社会中《金刚经》是广为流传的。初刻卷二十八《金光洞主谈旧迹　玉虚尊者悟前身》中,金光洞主为了点化玉虚尊者,使用的就是《金刚经》的经文:人生如梦一场。方在梦中,原不足问;及到觉后,又何足悲?岂不闻《金刚经》云:“一切有为法,如梦幻泡影,如露亦如电,应作如是观。”于是玉虚尊者言下开悟。卷二十八整篇都是讲述佛家来生因缘的故事。里面充斥着许多佛家语言。但只独善其身,便是辟支小乘(辟支小乘——即佛教中的小乘教派。小乘主张自我解脱。辟支,即梵语“独觉”之义,意思是独自悟道)。吾意欲往震旦地方打一转轮回,游戏他七八十年,金光洞尊者道:“尘世纷嚣,有何好处?虽然可以济人利物,只怕为欲火所烧,迷恋起来,没人指引回头,忘却本来面目,便要堕落轮回道中,不知几劫才得重修圆满。怎么说得复居此地这样容易话?”

二刻卷三十六《王渔翁舍镜崇三宝　白水僧盗物丧双生》中和尚法轮不胜赞叹道:“此乃檀越大福田(福田——佛教以为供养布施,行善修德,能受福报,就像播种田亩,有收获之利)事。”檀越自奉着置在三宝(三宝——佛教称佛、法、僧为“三宝”。佛指佛祖释迦牟尼,法指佛教教义,僧指佛教徒众僧。这里实指佛像)之前,顶礼而去就是了,贫僧不去沾手。”王甲夫妻依言,亲自把宝镜安放佛顶后面停当,拜了四拜,别了法轮,自回去了。

二刻卷二十一中描写一个尼姑的美貌的一段韵文中出现了用佛经人物比拟的手法。只见一个尼僧,在里面踱将出来。王爵一见，惊道："世间有这般标致的！"怎见得那尼僧标致？尖尖发印，好眉目新剃光头；窄窄缁袍，俏身躯雅裁称体。樱桃樊素口，芬芳吐气只看经；杨柳小蛮腰，袅娜逢人旋唱喏。似是摩登女来生世，那怕老阿难不动心。"摩登女，《阿难》等佛经中的人物成为小说人物的写照，从中也不难体会到市民对佛经故事的熟悉以及佛家在民间的影响力。

第四节　关于"梦"的话语分析
——兼论因果报应主题

据笔者统计"二拍"中涉及梦的小说约 30 篇，主题多为因果报应。因果报应的主题在"二拍"中的比例很高，成为"二拍"的一种主要的故事模式和行文方式。每一个梦都有因果，梦成为故事发展不可或缺的组成部分。梦的陈述模式主要有梦与征兆、梦与因果报应相关联的内容，如物兆、梦告、感应等。梦的预兆作用可以影响小说的叙事结构，大致包括三个方面：一、衍生或推动情节的发展；二、昭示轮回；三、现实因果关系的解释。这三方面的内容多与因果报应有关。"二拍"中所反映的思想与价值是多种多样的，其中因果报应占半数以上，是小说所反复阐扬的一种思想。不少故事是按照"人心生一念，天地悉皆知。善恶若无报，乾坤必有私"①所宣扬的善恶有报的观念来设计情节，安排故事内容。

"二拍"中的因果报应大体分为两类：其一是真实的实现生活中的因果报应，其二是现实中无法实现的，通过鬼神或前世、来世

① 〔明〕吴承恩：《西游记》，人民文学出版社 1980 年版，第 1053 页。

而实现的因果报应则带有浓厚的迷信色彩。这两种因果报应经常是你中有我，我中有你，纠缠在一起。当然，不管是哪一种因果报应，它们的动机与目的都是劝善惩恶，这一点又是应当肯定的。“二拍”所包含的因果报应正呈现出这种复杂情况，所以我们应当具体地加以分析、评价，不可一概而论。试以初刻卷十一《恶船家计赚假尸银　狠仆人误投真命状》为例，这是一则真实的现实生活中的因果报应的故事。所写的人物故事，与鬼神无关。温州儒生王杰，由于细故不慎将姜客吕大打伤。一番抚慰后，王杰送走了吕大。但不久之后，船家周四却诈称吕大已死，用另一具尸体谎报给王家，王杰一家误以为真。从此以后王杰多次遭到周四讹诈。王杰家仆胡阿虎被痛责后怀恨在心，向官府首告家主打死吕大。拷掠之下，王杰被迫认罪。半年之后，吕大重到王家，真相才得以大白，冤狱昭雪。罪魁祸首周四与恶仆胡阿虎受到严惩。

鬼神阴间报应的典型当属初刻卷三十七《屈突仲任酷杀众生　郓州司马冥全内侄》，本卷主要说的是主仆二人杀生报应的故事。仲任性不好书，有个家僮，叫做莫贺咄，是个蕃夷出身，也力敌百人。主仆两个好生说得着，大家各恃膂力，便商量要做些不本分的事体来。他爱吃的是牛马肉，又无钱可买，思量要与莫贺咄外边偷盗去。每夜黄昏后，便两人合伴，直走去五十里外。偷了人家的牛马之类的回来全部吃掉，而且好吃成性，颇有残忍之处。到了阴府，受到报应。二刻卷十一《满少卿饥附饱飏　焦文姬生仇死报》写满少卿贫贱时受焦氏父女厚恩，登第后却别娶高门，十年不与焦家通半分音讯。一日焦文姬忽然带丫鬟寻来，道父亲已死，沦落无依，情愿为妾。朱氏夫人把她们安置在家中，某晚满少卿去焦文姬房中歇宿。此后的叙述完全采用朱氏的视角，次日见二人久不出来，从推门、叫门到掘开墙壁，读者和朱氏一样不知道屋里究竟是什么情形。众人进去后发现满少卿暴毙于地，朱氏怀疑焦文姬和丫鬟是鬼，但不敢确信。这时，读者依然不明白事情的原委。直到朱氏晚间梦见焦文姬解释自己被满少卿抛弃后抱恨而死，在冥府诉准，此番专为索命而来，读者才恍然大悟。

二刻卷十九《田舍翁时时经理　牧童儿夜夜尊荣》写牧童寄儿白天放牧，晚上夜游华胥国，梦幻与现实形成强烈反差，梦中高官美眷，白天则牛羊丧命，及至在现实中发现金银，梦里则屡遭险境，最后悟到“世上没有十全之事，要那富贵无干”。这篇小说反复运用了“入梦——梦中经历——梦醒”的结构，梦与现实交替出现，极尽跌宕之致。二者的比照是小说家重点经营的对象，体现了谐趣化的倾向。初刻卷十九《李公佐巧解梦中言　谢小娥智擒船上盗》中写谢小娥一家被贼人杀了之后，梦见父亲谢翁来对他道：“你要晓得杀我的人姓名，有两句谜语，你牢牢记着：‘车中猴，门东草’。”隔得几日，又梦见丈夫段居贞来对他说：“杀我的人姓名，也是两句谜语：‘禾中走，一日夫’。”谢小娥后来遇到能够解开父亲和丈夫所说之谜的李公佐，才知道杀父者是申蘭，杀夫者是申春。“车中猴”，“车”中去上下各一画，是“申”字；“申”属猴，故曰“车中猴”。“草”下有“门”，“门”中有“东”，乃“蘭”字也。又“禾中走”，是穿田过，“田”出两头，亦是“申”字也。“一日夫”者，“夫”上更一画，下一“日”，是“春”字也。梦对于谢小娥找到杀人凶手至关重要，相似的还有二刻卷二十一《许察院感梦擒僧　王氏子因风获盗》中王爵的命案。许察院闻报以后，梦见一个妇人告知谜语“无发青青，彼此来争。土上鹿走，只看夜明”，才由前两句猜到尼姑真静身上，找到真静后，获知真凶乃和尚无尘。与梦中所得的话语正相合。

在这些小说里,当案件委决不下、故事无法继续进行时,梦兆便为破案提供了重要线索,使情节发展得以柳暗花明。不过,当事人在梦中获得的提示大都以隐语的方式给出,需要借助拆字、谐音、解谜才能得出事实的情形。从叙事的角度看,这样的构思增加了小说情节的曲折性和神秘性,也增加了小说的可读性,梦在"二拍"中的审美意义也主要在小说的可读性中得以体现。

因果报应的思想与佛教善恶祸福的观念是密不可分的。善恶与祸福之间之所以存在必然的对应关系,就在于因果报应的存在,因果报应的实际内容,也就是善与福、恶与祸之间的配享。因果报应之说广泛地见于佛教的各种经典,如《菩萨璎珞本业经》所谓:"善果从善业生,恶果从恶因生。"①《中阿含经》中世尊告诸比丘说:"若有故作业,我说彼必受报。或现世受,或后世受。若不故作业,我说此不必受报。"②《无量寿经》所谓:"天地之间,五道分明,恢廓窈冥,浩浩茫茫,善恶报应,祸福相承。"③佛教传入中土,与中国传统的善恶报应理论相结合,从而更加深入人心。明代佛教思想广泛深入普及于社会,并与儒家、道家思想水乳交融。因此,因果报应之说也早已成为当时人们文化心理结构的历史积淀。佛教的善恶观念与儒家伦理道德对于善恶的理解高度一致,佛教在善恶与祸福之间建立的必然对应关系,简单地说就是为善必得福,为恶必致祸。

梦和因果报应在"二拍"中的大量运用,对于故事情节的合理性和曲折性都有所降低。如前述二刻卷二十一《许察院感梦擒僧

---

① 《大正藏》第24卷,第1019页。
② 《大正藏》第54卷,第651页。
③ 《大正藏》第54卷,第405页。

王氏子因风获盗》中王爵的命案。许察院梦见一个妇人告知谜语“无发青青，彼此来争。土上鹿走，只看夜明”，才由前两句猜到尼姑真静身上，找到真静后，获知真凶乃和尚无尘。梦的提示大大降低了现实中的侦破复杂过程，如果按照公案小说的情节，不断地在蛛丝马迹中寻找破案的线索，叙述过程必定较为曲折，所用篇幅也会大大增加，梦的提示直截了当，省去了这些过程，作者的意图本不在此，近似虚幻的梦兆只是为了宣扬冥冥之中的因果定数。再举一例，二刻卷十六《迟取券毛烈赖原钱　失还魂牙僧索剩命》中毛烈收了陈祈的田产银子，没有给地契，陈祈被毛烈赖掉了田产，没有凭据告不赢官司。在现实生活中似乎已无法解决这一困局：陈祈本身就是想昧心吞了自家兄弟应得的家产，把地产低价卖给毛烈，毛烈知道后昧心赖账不给陈祈银子，当他得知陈祈要告状时便贿赂官府，赢了官司。陈祈害人反害己。小说为了宣扬因果报应的锱铢不爽，写了让陈祈去告冥状，最终毛烈身死，托梦让家人还地契，陈祈虽然冥状赢了，但是昧心霸产，最终也患上不治之症，家道凋零。通过告冥状、托梦，实现了终极公正，但简单不合情理的情节成了凌濛初小说的致命伤。当然，对于现实中的困局，凌濛初有足够清醒的认识，但是，要想解决几乎是不可能的，凌濛初只有在小说中不断地宣讲因果报应，以期达到劝诫的目的。可能有时候详细的描述、带着材料去阴间告状的细节，只是为了给当时的读者警示——毕竟当时社会中普遍对神明之说信奉者居多，我们不能用现在的眼光来评判这些借鬼神之口宣扬鬼神实有的话语。以二刻卷十六中的一段入话描述为例：

夏主簿遭此无妄之灾，没头没脑的被贪赃州官收在监里。

一来是好人家出身，不曾受惯这苦；二来被别人少了钱，反关在牢中，心中气蛊，染了牢瘟，病将起来。家属央人保领，方得放出，已病得八九分了。临将死时，分付儿子道："我受了这样冤恨，今日待死。凡是一向扑官酒坊公店，并林家欠钱帐目，与管帐八人名姓，多要放在棺内，吾替他地府申辨去。"才死得一月，林氏与这八个人，陆陆续续尽得暴病而死。眼见得是阴间状准了。

此段故事将夏主簿含冤告冥状的过程叙述得十分详细。夏主簿遭无妄之灾，自然死不瞑目，带着材料去阴间告状，刘八郎成为了夏家的证人，去阴间作证，两日后还魂，详细地描述了在阴间的所见所闻，害人者"林家与八个管帐人，共顶着一块长枷，约有一丈五六尺长，九个头齐齐露出在枷上"。估计后面还有惩罚，"只见那一伙连枷的人，赶入地狱里去了"。对于好人也是有报应的，就是嘉奖，添寿一纪，刘八郎活到了九十一岁。中国人一向认为生死有命，富贵在天，即使现在，也多有信奉。明代本就宗教盛行，民间信仰不曾减弱，生命的不可预测性让民众普遍相信，人活多少自有定数，这些定数就在阴间的阎王册上记录着，中国人也相信好人好报，恶人恶报，主要就是在阳寿——让好人活长一点。在这一段话中，八郎自述了对他的阳寿的嘉奖，活九十一岁，凌濛初也从叙述者的角度对此进行了肯定："后来此人整整活到九十一岁，无疾而终。"这样的叙述确定了刘八郎的自述，给听众或读者肯定的信息，加深了这些叙述的真实性，这正是凌濛初的意图所在，他希望人们相信：善恶有报。在此卷的入话与正话间有一首诗："阳世全凭一张纸，是非颠倒多因此。岂似幽中业镜台，半点欺心没处使。"从此诗中不难洞悉凌濛初的意图。凌濛初对现实的认识不是不清楚——是非颠倒的世界和世道,简单地凭一张契约,昧了良心坑人钱财,再加上昏官庸吏只认钱不认理,是非黑白岂有不被颠倒之理?但是,在创作中,凌濛初始终有一个一以贯之的教化告诫思想,因此,在现实无奈的困境中,他不得不借助超自然的力量来达到公正。因此,他在"二拍"中再三致意:"是编主于劝戒,故每回之中,三致意焉,观者自得之,不能一一标出。"凌濛初宣讲最多的因果报应思想的意图不正是在此吗?

第五节　僧尼道士的话语分析

僧尼道士在"二拍"的人物中占有不小的比例,约有 20 篇中人物形象有僧尼道士等宗教人物,占到整个"二拍"篇幅的四分之一。僧尼道士出现如此高的比例不是偶然现象,一方面说明僧尼道士在社会生活中广泛存在的现实,另一方面,也说明凌濛初对当时社会观察深刻,描述清晰。通过对这 20 篇中僧尼道士的分析,大体有如下特性:贪财——僧尼爱财,道士骗钱。最能代表僧尼道士爱财的一段话出现在二刻卷十六中:"高公法名智高,虽然是个僧家,倒有好些不像出家人处。头一件是好利,但是风吹草动,有些个赚得钱的所在,他就钻的去了。所以囊钵充盈,经纪惯熟。大户人家做中做保,到多是用得他着的,分明是个没头发的牙行。毛家债利出入,好些经他的手,就是做过几件欺心事体,也有与他首尾过来的。"初刻卷十五中的西湖口昭庆寺寺僧慧空和尚"却是好利的先锋,趋势的元帅,终日索债"。李秀才借了和尚的高利贷,将价值三百两的房子抵债,和尚欺负李生别无他路,故意不要房子,只顾索银。逼得李生只能将房子低价卖给和尚，找得三十两银子。和尚借机占得了房子。二刻卷三十六《王渔翁舍镜崇三宝　白水僧盗物丧双生》中的峨眉山白水禅院住持僧法轮贪恋宝镜能够带来金银财物，私下仿造了一个宝镜给渔翁，将真宝镜藏了起来，寺刹兴旺，富不可言。最终又被官府中提点刑狱使者算计，打死狱中，白水禅院行者真空，卷了寺院的钱物和宝镜私逃路上被老虎吃了，贪财的下场由此可见。

道士在“二拍”中往往被塑造成骗子，骗取钱财。道士骗人，“二拍”中有专门的术语词。初刻卷十八中有两个词语为道士所创。一个词语是“提罐”：哄那贪夫痴客，道能以药草炼成丹药，铅铁为金，死汞为银，名为黄白之术，又叫得炉火之事。只要先将银子为母，后来觑个空儿，偷了银子便走，叫做提罐。第二个词语是“访外护”：道人自己解释为“术法，乃造化所忌，却要寻个大福气的，承受得起，方好与他作为。贫道自家却没这些福气，所以难做。找个大福气的人，来投合伙，术家叫做“访外护”，其实就是找个冤大头。作者对潘监生这样的人极尽嘲讽：寻他去做“外护”，只为一点爱根不断，累他丹鼎飞败。如今这些贪人，拥着娇妻美妾，求田问舍，损人肥己，掂斤播两，何等肚肠！寻着一伙酒肉道人，指望炼成了丹，要受用一世，遗之子孙，岂不痴了？只叫他把“内丹成，外丹亦成”这两句想一想，难道是掉起内养工夫，单单弄那银子的？二刻卷十八《甄监生浪吞秘药　春花婢误泄风情》中的甄监生笃好炼丹，不仅被方士骗去了钱财，又听信了方士玄玄子的话纵淫而命丧黄泉。

“二拍”中的僧道之徒多犯色戒。初刻卷二十六《夺风情村妇捐躯　假天语幕僚断狱》中的故事都与和尚有关系，都是讲和尚不守律法，诱奸良家妇女，被发现后不得善果。一则是临安庆福寺僧广明，做人俊爽风流，好与官员士子每往来，但在僧院中设有暗室，窝藏诱奸良家妇女。另一则是四川成都府汶川县太平禅寺僧人大觉和徒弟智圆与前来寺院避雨的村妇勾搭成奸，因妒生恨，遂起命案。卷三十四《闻人生野战翠浮庵　静观尼昼锦黄沙弄》中写道苏州府城有一豪家庄院的功德庵，庵里王尼姑诱约富贵人家及乡村妇女到庵中作会，最终被识破诡计：原来是一个会缩阳术的和尚。二刻卷二十八《程朝奉单遇无头妇　王通判双雪不明冤》中杀害李家妇人的就是一个远处来的游僧，每夜敲梆高叫，见了李氏起了色心，因李氏不从遂杀了她。

在“二拍”中对尼姑贪恋风月也有披露。初刻卷三十四中写道：“杭州翠浮庵的观主是个花嘴骗舌之人，平素只贪些风月，庵里收拾下两个后生徒弟，多是通同与他做些不伶俐勾当的。哄骗了杨家女儿做了尼姑，取法名叫做静观。”二刻卷二十一《许察院梦感擒僧　王氏子因风获盗》写道：开河集上的尼庵的尼姑见了白晃晃一锭银子，心下先自要了。便伸手来接着银子道：“相公果然不嫌此间窄陋，便住两日去。”王爵道：“方才说要主人晚间相陪的。”尼姑微笑道：“夯货！谁说道叫你独宿？”王爵大喜，彼此心照。是夜就与真静一处宿了。尼姑真静还和光善寺的和尚无尘有奸情，致使因妒忌杀了王爵。初刻卷三十一《何道士因术成奸　周经历因奸破贼》所描述的玄武庙道士何正寅与唐赛儿先是勾搭成奸，然后又聚众造反。

第六章

“二拍”与心学思潮流布

凌濛初的“人情日用”创作观与王艮泰州学派“百姓日用”之说有高度契合。“百姓日用”见于《周易·系辞》:“一阴一阳之谓道。继之者善也,成之者性也。仁者见之谓之仁,知者见之谓之知,百姓日用而不知,故君子之道鲜矣。”王艮所持百姓日用说对儒学寄予了底层关怀的意识,有了浓厚的平民主义观念,他所持“满街人都是圣人”更多地含有对下层社会民众的道德信念,颇有“礼失求诸野”的味道,引导对民间性问题的关注,泰州学派李贽将百姓日用是道中的物质性生命需求推到极致。他提出“穿衣吃饭即是人伦物理”,并肯定“好货、好色、勤学、进取”等日用之欲望,可以说,在“二拍”中凌濛初借小说人物对这些思想的流布进行了生动的诠释。“二拍”描绘了大量底层人物形象——市民阶层、下层官吏和士人、形形色色的女性等,在这些人物身上集中反映了他们的言谈举止所表现的社会思潮的变化。余英时这样评介阳明心学的意义:“朱子之学是专对‘士’说教的,而阳明之学则提供了通俗化的一面,使新儒家伦理可以直接通向社会大众。这确是阳明学的历史意义之所在。新儒家之有阳明学,正如佛教之有新禅宗:佛教在中国的发展至新禅宗才真正找到了归宿；新儒家的伦理也因阳明学的出现才走完了它的社会化的历程。”①阳明心学对于明代文学的影响主要是在诗文流派方面，如唐宋派、公安派、竟陵派等，他们强调独抒性灵的诗文创作。而心学对通俗文学的影响，直接的反映没有诗文明显，虽然冯梦龙与凌濛初都是受心学影响的作家，但由于小说在古代的地位低下，难与诗文一较长短，诗文可以直接表露作家们的胸怀抱负、济世安民的政治理想，可以展示性灵、文采风流，但小说却不行，小说自古都被视为小道，能够把小说称为六经国史之补，起到一定的教化作用，就已经是把小说地位抬高了很多，李贽评《水浒传》为天地间至文，认为《水浒传》与司马迁的《史记》一样，是发愤之所作，在当时用惊世骇俗、振聋发聩来形容丝毫不为过。李贽的思想在当时风靡一时：“海以内无不读先生之书者，无不欲尽先生之书而读之者，读之不已或并其伪者而亦读矣。”②但李贽被视为癫狂之人，最终还是不为朝廷和世道所容，下狱后自杀。这样的结局对笃信心学、尊崇李贽的冯梦龙与凌濛初来说未尝不是一种打击。因此，虽然深受心学及李贽的影响，凌濛初并没有直接在小说的创作中表明心学的立场。还有一点，就是小说创作并不是冯、凌的唯一，他们都是多面手，历史、戏剧、诗文、学术等都有涉猎，也分散了显露创作思想的注意。但是，我们在“二拍”中还是可以感受到凌濛初深受心学影响的痕迹的，他对于故事的选择、评述以及对儒学与社会的批判等都可以找到他秉承心学对传统纲常伦理的冲击。他用通俗小说进行创作，本身就是

① 余英时：《士与中国文化》，上海人民出版社 1987 年版，第 517 页。

② 〔明〕汪本钶：《续刻李氏书序》，见李贽：《焚书·续焚书》，中华书局 1975 年版，第 1 页。

抛开形式的束缚,对小说形式的肯定,本身就是对心学和李贽等人文学观念的实践。

晚明心学盛行,但对于人欲王阳明是持坚决否定的态度的,他说:“人心是天渊,心之本体无所不该,原是一个天,只为私欲障碍,则天之本体失了,心之理无穷尽,原是一个渊,只为私欲窒塞,则渊之本体失了。如今念念致良知,将此障碍窒塞一齐去尽,则本体已复,便是天渊了。”①王阳明将人欲视为人丧失自我的主要原因,这一点其实与宋明理学所坚持的“存天理、灭人欲”有着高度的一致性。但是,心学的兴起又使得后世之人认为这是对理学的反叛,心学强调“百姓日用是道”,心学发展产生泰州学派,经过泰州学派的宣讲,心学在晚明影响与日俱增。泰州学派创始人王艮(1483—1541)初为灶丁,后又从父经商于山东。一个经商的人能在儒学中别树一帜,这是前所未有的事。泰州门下有樵夫、陶匠、田夫,足以说明王阳明以来新儒家伦理确已深入民间,不再为士阶层所专有。李贽的论说有更为激进的阐释:“穿衣吃饭即是人伦物理,除却穿衣吃饭,无伦物矣。”②李贽将人的物欲推到了第一性的位置上,日用之道,即“如好货,如好色,如勤学,如进取,如多积金宝,如多买田宅为子孙谋,博求风水为儿孙福荫”③都属于人的本性,他对圣人和圣人之学有着强烈的怀疑态度,突破了在人的物欲上有圣人和凡人之分的理学和心学设立的森严壁垒,还生活所具有的真实、动

---

① 〔明〕王守仁著,吴光等编校:《王阳明全集》(上册),上海古籍出版社1992年版,第235页。

② 〔明〕李贽:《焚书》卷一,《答邓不阳书》,中华书局1975年版,第4页。

③ 〔明〕李贽:《焚书》卷一,《答邓明府》,中华书局1975年版,第40页。

人的面貌,无论是何种人,市井小民或商贾走贩,世俗化的生活本身就具有存在的合理性价值。

第一节 "二拍"体现的心学思潮

凌濛初的通俗小说观念与王学的平民化密切相关,即强调通俗与教化的双重特性。凌濛初也强调真情,"二拍"是"类多近人情日用",如果仅从反封建礼教的角度来看,对情欲的肯定倒是有其积极的一面。至于和阳明心学的关系,强调真情的创作点与心学所强调的真诚意愿与饱满情志的主体道德哲学是一致的,也是将外在伦理内化为主体意志的心学设想。对理学负面的描写在作品中倾向明显,如卷十二《硬勘案大儒争闲气 甘受刑侠女著芳名》专门对朱熹的伪善与刻薄进行了嘲讽:"道学的正派,莫如朱文公晦翁,读书的人那一个不尊奉他?岂不是个大贤?只为成心上边,也曾错断了事。"这一卷主要写朱熹,他刚愎自用断了冤案,又想对不服自己的人打击报复,遂让一个妓女诬告同僚,但没有想到的是,妓女严蕊颇有豪气,被百般凌辱屈打,但就是不肯诬陷他人,通过妓女的正直侠义反衬出朱熹的狡猾固执。

凌濛初对真情的创作观念十分认同。"二拍"中有三篇主题一致的故事——神鬼与人相恋,分别如下:二刻卷二十九《赠芝麻识破假形 撷草药巧谐真偶》中的浙江商人蒋生与狐仙相恋,狐仙被识破原形后不忘旧情,帮助蒋生达成所愿,与马家小姐终成眷属。卷三十《瘗遗骸王玉英配夫 偿聘金韩秀才赎子》讲述的是福建福州府福清县秀才韩庆云与两百年前的女鬼相恋的故事。韩庆云一日散步岭下,见路傍有枯骨在草丛中,心中恻然,就将枯骨掩埋,晚间有女鬼王玉英来相会，答谢掩埋遗骸之德。两人形同夫妻，并生有一个男孩。卷三十七《叠居奇程客得助　三救厄海神显灵》讲述的是徽商程宰与女海神相恋的故事，女海神不仅帮助程宰经商致富，在程流落异乡时相陪相伴，使其渡过难关，还在程宰回乡的途中救他，使他免遭三次大难。

三篇故事大体相近，首先不论是女神还是女鬼，都十分漂亮。卷三十王玉英是夜独宿书馆，忽见篱外毕毕剥剥，敲得篱门响。韩生起来，开门出看，乃是一个端丽女子。卷二十九狐仙直接变成马云容的容貌相见，马家小姐容貌非凡，书中这样写道："马少卿有一位小姐，小名叫得云容，取李青莲'云想衣裳花想容'之句，果然纤姣非常，世所罕有。他家内楼小窗，看得店前人见，那小姐闲了，时常登楼，看望作耍。一日正在临窗之际，恰被店里蒋生看见。蒋生远望去，极其美丽，生平目中所未睹，一步步走近前去细玩，走得近了，看得较真，觉他没一处生得不妙。蒋生不觉魂飞天外，魄散九霄。"卷三十七中的海神："美妇人，朱颜绿鬓，明眸皓齿，冠帔盛饰，有像世间图画上后妃的打扮，浑身上下，金翠珠玉，光采夺目。容色风度，一个个如天上仙人，绝不似凡间模样。年纪多只可二十余岁光景。""美人卸了簪珥，徐徐解开髻发绺辫，总绾起一窝丝来。那发又长又黑，光明可鉴。脱下里衣，肌肤莹洁，滑若凝脂。"

从语言上来看，对三个女性的描写多用较为夸张的笔法，极力渲染女子的美貌、体贴、贤惠，不难看出在这些叙述背后的文化心理。中国家庭结构是以父权为核心的传统，一个重要的方面就是婚姻的父母之命，即所谓的包办婚姻。包办婚姻拒绝把浪漫的爱情作为婚姻的基础。但即使在戒律极严的时期，也很难杜绝人们对浪漫爱情的渴求。这样就形成一个有趣的文化现象：在文学中描写的爱情多才子佳人、郎才女貌、一见钟情、终成眷属,最终以大团圆结局。这样的故事也仅出现在传奇、戏剧、小说中,而在现实类似元稹的负心之举往往被视为男人的正确选择受到周围时人的赞许。另外,在受儒家传统支配的社会习俗中,正式婚姻中没有浪漫爱情,正式婚姻往往讲究明媒正娶,遵循父母之命、媒妁之言的惯例,在这样的循例下,文学作品中的爱情故事也成为禁止区域——《西厢记》可为明证,浪漫不能带来道德上的一致认可。鲁迅先生对这样的文学作品中的婚恋模式给予了辛辣的讽刺:

> 中国婚姻方法的缺陷,才子佳人小说作家早就感到了,他于是使一个才子在壁上题诗,一个佳人便来和,由倾慕——现在就得称恋爱——而至于有"终身之约"。但约定之后,也就有了难关。我们知道,"私订终身"在诗和戏曲或小说上尚不失为美谈(自然只以与终于中状元的男人私订为限),实际却不容于天下的,仍然免不了要离异。明末的作家便闭上眼睛,并这一层也加以补救了,说是:才子及第,奉旨成婚。"父母之命媒妁之言"经这大帽子来一压,便成了半个铅钱也不值,问题也一点没有了。假使有之,也只在才子的能否中状元,而决不在婚姻制度的良否。①

"二拍"所坚持的创作原则就是希望能够在故事中"时著良规",劝诫教诲,给读者或听众带来阅读和听书的愉悦和享受——

① 鲁迅:《坟·论睁了眼看》,见《鲁迅全集》(第1卷),人民文学出版社1981年版,第219页。

婚姻中的浪漫之处，又要带有强烈的道德教化，因此，借助超自然的神仙鬼怪或是魂灵的化身来达到两者不相抵牾：既要浪漫又要道德教化，神仙鬼怪的故事完全可以与儒家传统保持一致，因为浪漫的主体不是人类而是神仙鬼怪，神鬼是完全可以不受道德习俗的戒律和限制的，能够免受道德审判。当然，这种才子佳人模式也是解决世俗束缚的一种方式，求婚必经考试，成婚待于诏旨，科考和皇帝的诏书成了支配男女婚姻、解决一切纠纷的万能魔杖。金榜题名、奉旨成婚，也是突破世俗道德习俗和免受道德审判的结局。在"二拍"的三个人神相恋的故事中，海神、狐仙和鬼魂都在夜里前来相会，天明之前离开，不受任何限制。故事的结局往往是带给男主人公意想不到的好处：韩秀才有了儿子，程宰得了万贯家财，蒋生得到美满婚姻，而这些好处都是其他人梦寐以求难以达到的。当然，神仙鬼魂在完成浪漫之旅后都选择了离开，给现实的道德戒律充分的尊重。

在"二拍"中充斥着饱满的物欲以及功利欲的思想。商人们毫不掩饰对金钱的追求与渴望(徽州地区人们对金钱的崇拜，家里谁有钱就像金榜题名一般)，甚至不惜冒巨大的风险远赴海外求取发财(文若虚等人)，家人也鼓励自己的孩子外出经商(王生的婶婶三次劝说他去经商)，对于有钱之人，社会上的人们都尊称他们为朝奉。这种物欲观反映了当时社会的一种思潮。"二拍"中描述了好色之人对于女色的追逐，商人好货对于钱物的攫取，士人勤学对于功名的渴望，普通家庭对于田宅土地的拥有欲，儿女子孙对于父辈钱财的继承念想，凡此种种，不胜枚举。可以毫不夸张地说，"二拍"就是对"百姓日用是道"的文学阐释。李贽充分肯定商人的工作。这些思想的变化在"二拍"中都有生动的描写，实际上是晚明时期社会的外部环境正在进行剧烈的变化，凌濛初感受到这种变化，并将这种变化在“二拍”中表达了出来，集中表现在三个方面。

一、对金钱名利的追逐成为风尚。二刻卷三十七《叠居奇程客得助　三救厄海神显灵》中写道“徽人因是专重那做商的，所以凡是商人归家，外而宗族朋友，内而妻妾家属，只看你所得归来的利息多少为重轻。得利多的，尽皆爱敬趋奉，得利少的，尽皆轻薄鄙笑，犹如读书求名的中与不中归来的光景一般。”虽然只是对徽商的描述，但是在“二拍”中，商人对金钱的狂热追求正是社会风气使然。

二、享乐之风盛行。“二拍”中的商人不惜金钱，不顾名誉，甚至以身犯险、以身犯法地追逐女色，正是当时社会追求奢华淫逸风气的侧面反映。文人士子以享受物欲、纵情声色为时尚风流，市井百姓亦逾墙穿户，忌惮无多。而男女私情本易成为饭后谈资，行贾异地他邦，其追欢逐色之事则更易引起客地居民侧目，成为他们交头接耳、津津乐道的艳闻轶事。话本小说如此频繁地涉及徽商贪色事例，既因徽商现实生活中不乏其事，也不排除旁观之人道短说长，猎奇猎艳。

三、女性观念的转变，自觉追求个人的幸福。“二拍”中塑造了一批女性采取各种方式实现自己的个人追求，如二刻卷三十五《错调情贾母詈女　误告状孙郎得妻》中男女主人公两心相许，迫使女方母亲迁就，使有情人终成眷属。初刻卷二十九《通闺闼坚心灯火闹囹圄捷报旗铃》写女主人公罗惜惜反对父母包办婚姻，迫使父母毁约退婚，尊重自己选择，为追随意中人而不惜一切代价以身相许，追求两情相悦的欢愉；此外，还有为了嫁给意中人不惜殉情的速哥失里（初刻卷九）；不满现状而毅然重觅知音的陶幼芳（初刻卷十二)、陆蕙娘(初刻卷十六)等女性人物,同时,在二刻卷三十四《任君用恣乐深闺　杨太尉戏宫馆客》中有段文字替女子打抱不平直接表明女性追求的议论,认为男人“富贵人家,没一个不广蓄姬妾。自道是左拥燕姬,右拥赵女,娇艳盈前,歌舞成队,乃人生得意之事”,对女子“岂知男女大欲,彼此一般,一人精力要周旋几个女子,便已不得相当。况富贵之人,必是中年上下,取的姬妾,必是花枝也似一般的后生,枕席之事,三分四路,怎能勾满得他们的意,尽得他们的兴?所以满闺中不是怨气,便是丑声。总有家法极严的,铁壁铜墙,提铃喝号,防得一个水泄不通,也只禁得他们的身,禁不得他们的心。略有空隙,就思量弄一场把戏,那有情趣到你身上来?”作者把男女恋情写得非常真挚、大胆,不仅于礼教大逆不道,也是对“存天理、灭人欲”的官方正统思想———宋明理学的冲击。凌濛初借小说形式达到劝诫、教化民众的目的,他在凡例中强调“是编主于劝戒,故每回之中,三致意焉”。

第二节　市民语言在“二拍”中的流露

市民文化主要是指市井生活所体现的多种多样的文化形式,在宋代以后市民文化体现为瓦舍之中,百戏荟萃,杂剧、杂技、讲史、说书、说浑话、皮影、傀儡、散乐、诸宫调等无所不有。市井文化生活节奏与情感节奏转变较快,热情奔放、浅俗直白是市民文化的特点。到了晚明时期,商品经济较前代有了长足进步,市民意识全面成熟,市民文化日趋高涨。主要有三个方面的表现:其一,社会风尚由俭入奢。其二,拜金之风盛行,商人的社会地位提高。其三,通俗文学的小说、戏曲与主流文学诗词并行于世。

"二拍"中的市民包括手工业者、城市商贩、落魄文人、市井游民、歹徒无赖、丹客骗子、妓女鸨母、嫖客媒婆等在城市底层生活的形形色色的人。市民阶层的扩大,他们已不仅仅满足于勾栏瓦肆中听《三国》《水浒》中英雄神道、王侯将相的故事,他们对身边的世态人情、喜怒哀乐、日常奇人奇事产生了浓厚的兴趣,晚明时期的世情小说流行与这一风气的转变有很大关系。从当时的文学评论家的言论中可以看出一二。凌濛初在序言中就强调日用之间,可供听说的怪异之事更令人好奇。叶昼提出小说要写最普通、最常见的社会生活,写人情物理。张竹坡也强调小说应写市井的日常生活、人情世态。"二拍"中的人物较为全面地体现了这些创作主张,写市民,写日常生活、人情世态,通观"二拍"中市民的总体价值观念和生活理想,享受当下生活、充满对金钱的渴望和追求是他们的主要心理倾向。李贽对市民语言的评价很高,认为"市井小夫,身履是事,口便说是事。作生意者但说生意,力田作者但说力田。凿凿有味,真有德之言,令人听之忘厌倦矣"①。他认为君子所不乐闻的市井百姓的日常言语才是真正的有德之言,说出了士人所不敢说的话。如初刻卷二十二《钱多处白丁横带　运退时刺史当稍》中的一句话道出了真相:"而今的世界,有甚么正经?有了钱,百事可做。"在晚明时期可以说有一定的代表性,金钱已经开始成为支配社会政治、经济和人们思想意识的主宰势力。拜金主义成为一种强大的观念,对金钱的追逐是市民的普遍心理。从思想观念来考察,拜金思想具有明显的近代社会因子,在"二拍"中对金钱的崇拜渗透在市民生活的方方面面,婚姻家庭生活、官府断案以及人际

① 〔明〕李贽:《焚书》卷一《答耿司寇》,中华书局1975年版,第30页。

关系等,都会因为金钱的介入发生改变。二刻卷二十八《程朝奉单遇无头妇　王通判双雪不明冤》写李方哥拿着程朝奉的银子给老婆,陈氏拿到手来看一看,道:"你男子汉,见了这个东西,就舍得老婆养汉了?"李方哥道:"不是舍得。难得财主家倒了运来想我们,我们拚忍着一时羞耻,一生受用不尽了。而今总是混帐的世界,我们又不是甚么阀阅人家,就守着清白,也没人来替你造牌坊。落得和同了些。"陈氏道:"是倒也是。"这一段夫妻两个的对话极具生活气息,活脱脱地把李方哥见钱眼开的小市民嘴脸刻画得活灵活现。钱是真理,有钱什么都行,见了这个东西,就舍得老婆养汉了。

初刻卷十三《赵六老舐犊丧残生　张知县诛枭成铁案》叙述父亲夤夜盗窃儿子财物命丧儿子利斧的令人毛骨悚然的人伦悲剧,深刻揭示了金钱对于亲情乃至人性的扭曲与毁灭。见亲娘死后,赵聪小两口仅仅"免不得干号了几声,就走了过去"。因没有棺材钱,赵六老去向儿子商量。赵六老与儿子的对话以及关于棺材债务的叙述,描述真实具体,人物言语举止如在眼前,为下面发生的父亲夜盗儿子钱财被儿子用利斧劈死的悲剧作了充分的铺垫。为说明问题,现将这一段摘录于下:

> 赵六老跌脚捶胸,哭了一回,走到间壁去对儿子道:"你娘今日死了,实是囊底无物,送终之具,一无所备。你可念母子亲情,买口好棺木盛殓,后日择块坟地殡葬,也见得你一片孝心。"赵聪道:"我那里有钱买棺?不要说是好棺木价重买不起,便是那轻敲杂树的,也要二三两一具,叫我那得东西去买?前村李作头家,有一口轻敲些的在那里,何不去赊了来,明日再做理会。"六老噙着眼泪,怎敢再说?只得出门到李作头家

去了。

且说赵聪走进来对殷氏道:“俺家老儿,一发不知进退了,对我说要讨件好棺木盛殓老娘。我回说道:休说好的,便是歹的,也要二三两一个。我叫他且到李作头家赊了一具轻敲的来,明日还价。”殷氏便接口道:“那个还价?”赵聪道:“便是我们舍个头疼,替他胡乱还些罢。”殷氏怒道:“你那里有钱来替别人买棺材?买与自家了不得?要买时,你自还钱,老娘却是没有。我又不曾受你爷娘一分好处,没事便兜揽这些来打搅人!松了一次,便有十次。还他十个没有,怕怎地!”赵聪顿口无言,道:“娘子说得是,我则不还便了。”随后,六老雇了两个人,抬了这具棺材到来,盛殓了妈妈……过了两七,李作头来讨棺银。六老道:“去替我家小官人讨。”李作头依言,去对赵聪道:“官人家赊了小人棺木,幸赐价银则个。”赵聪光着眼,啐了一声道:“你莫不见鬼了?你眼又不瞎,前日是那个来你家赊棺材,便与那个讨,却如何来和我说?”李作头道:“是你家老官来赊的,方才是他叫我来与官人讨。”赵聪道:“休听他放屁!好没廉耻。他自有钱买棺材,如何图赖得人?你去时便去,莫要讨老爷怒发!”背叉着手,自进去了。李作头回来,将这段话对六老说知。六老纷纷泪落,忍不住哭起来。李作头劝住了道:“赵老官不必如此,没有银子,便随分甚么东西,准两件与小人罢了。”赵六老只得进去,翻箱倒笼,寻得三件冬衣,一根银镦子,把来准与李作头去了。

忽又过了七七四十九。赵六老原也有些不知进退,你看了买棺一事,随你怎么,也不可求他了。到得过了断七,又忘了这段光景,重复对儿子道:“我要和你娘寻块坟地,你可主张则个。"赵聪道:"我晓得甚么主张!我又不是地理师,那晓寻甚么地?就是寻时,难道有人家肯白送?依我说时,只好拣个日子,送去东村烧化了,也倒稳当。"六老听说,默然无言,眼中吊泪。赵聪也不再说,竟自去了。

这一段文字,写了赵六老落泪三次,赵六老在儿子面前两次都是无言,不敢说,眼中有泪。他一肚子的委屈、伤心只能无奈地打落了牙齿往肚里咽。本段文字也把赵聪的蛮横不讲理和冷酷无情刻画得入木三分。如对赵聪的行动的细节描写:光着眼,啐了一声,背叉着手,自进去了。动词准确,生动到位。

金钱至上的观念对僧人道士也有极大影响,在"二拍"中刻画了一批对金钱贪婪无厌的僧道之人。对僧侣群体多为反面描写,对僧侣贪财敛财的描写有十处之多,大都不得善终。初刻卷九《宣徽院仕女秋千会　清安寺夫妇笑啼缘》中说道:"那些僧人见说共分所有,他晓得棺中随殓之物甚厚,也起了利心,亦且拜住兴头时与这些僧人也是门徒施主,不好违拗。便将一把斧头,把棺盖撬将开来……寺僧受了重贿,无有不依,照旧把棺木漆得光净牢固,并不露一些风声。"卷二十二中,兜率禅院寺僧见郭七郎无了根蒂,渐渐怠慢,不肯相留。二刻卷十六中僧人高公为贪财而成为帮凶。二刻卷三十六《王渔翁舍镜崇三宝　白水僧盗物丧双生》中白水禅院法轮和尚通过赝品来骗取王甲的宝镜,最后和徒弟一起丧命。"二拍"中甚至有为钱财不惜杀人越货的恶毒僧人。凌濛初这样批判和尚:不毒不秃,不秃不毒,转毒为秃,转秃为毒。初刻卷六、卷二十四,二刻卷二十一、卷二十八都对僧家贪财色而害命进行详细的揭露。如卷二十一中,和尚"无尘见满盘托出,晓得枉熬刑法,不济事了，遂把真情说出来道：委实一来忌他占住尼姑，致得尼姑心变了，二来贪他这些财物，当夜到店里去杀了这秀才，取了银两首饰是实”。这个无尘不仅贪财，还贪色，最终命丧黄泉。

爱财的观念还造就了一批善于经营的和尚。初刻卷十五《卫朝奉狠心盘贵产　陈秀才巧计赚原房》中李生先前曾有小房一所，在西湖口昭庆寺左侧，约值三百余金。因为负了寺僧慧空银五十两，积上三年，本利共该百金。那和尚是好利的先锋、趋势的元帅，终日索债。逼得李生手足无措只得将房子准于他，要他找足三百金之价。那和尚故意不要房子，只顾索银。李生只得短价将房准了，凭众处分，找得三十两银子。披着僧衣的慧空比普通商人更懂经营之道，不仅放高利贷，甚至落井下石，百金轻松赚取价值三百金的房产。

第三节　下层官吏的多种心态语言分析

“二拍”中的官员多为下层官吏，与市民相较，相去不远。大众对大众的关心和喜爱，老百姓更愿意在勾栏瓦肆之中听到身边的人和事，致使凌濛初形成在日常生活和人物中寻找奇人奇事的创作观念：“语有之：‘少所见，多所怪。’今之人，但知耳目之外，牛鬼蛇神之为奇，而不知耳目之内，日用起居其为谲诡幻怪非可以常理测者固多也。”《拍案惊奇》四十卷，每卷一个主体故事，却都不说帝王将相。卷七写到唐明皇，但也只是个配角，主要是写僧道怪异事。卷二十八写了丞相冯京，内容却是说他的前身乃为玉虚尊者。这部短篇白话小说集甚至连当官的都不写。虽然有几篇牵扯到名门权贵，却只限于写他们的子女，又多没落到几乎和穷苦百姓一样的社会地位。有的故事主人公做了官,均是点染性的,并没有落实在“官”的身份上。如卷二十中的刘元普虽做过刺史,却已告老还乡。卷二十二中的郭六郎,原本富商,后花钱买了个刺史官衔,结果官没做成,反落得个当艄度日。书中真正写官的,至大是个县令,也仅初刻卷三十九中的狄维谦一人。“二拍”中描述了一批底层官吏,大多没有作为主要人物进行描写,但由于形态各异,也反映出晚明时期的官场情况。

“二拍”中官员断案有神明参与的有8篇,依靠官吏自己断案的有15篇。“二拍”对清官的认识既深刻又复杂,既有对清官的呼唤,又有对清官迂腐行为的反讽。初刻卷二十《李克让竟达空函 刘元普双生贵子》中裴安卿做了郎官几年,升任襄阳刺史。有人对他说道:“官人向来清苦,今得此美任,此后只愁富贵不愁贫了。”安卿笑道:“富自何来?每见贪酷小人,惟利是图,不过使这几家治下百姓卖儿贴妇,充其囊橐。此真狼心狗行之徒!天子教我为民父母,岂是教我残害子民?我今此去,惟吃襄阳一杯淡水而已。贫者人之常,叨朝廷之禄,不至冻馁足矣,何求富为?”这是一个有良知的官吏的肺腑之言,小说没有简单地写裴安卿如何做一个好官,只是通过他的仁义之举,达到理想的清官效果:“莅任半年,治得那一府物阜民安,词清讼简。民间造成几句谣词,说道:襄阳府前一条街,一朝到了裴天台。六房吏书去打盹,门子皂隶去砍柴。”凌濛初的高明之处在于他并没有简单地写一个为官清廉的故事,而是深刻揭示了为官之险恶。如果对象找错了,结果如裴安卿因对囚犯仁义,解除了对他们的看管,囚犯越狱杀人,连累裴安卿最终身死狱中。

“二拍”也描述了仁义官吏最终得到好报的故事。二刻卷十五《韩侍郎婢作夫人　顾提控掾居郎署》中的官吏顾芳，平日常在卖饼的江老儿家中歇脚，看到江老儿遭人嫉妒，平白吃了一场无头官司，家中被抢劫一空。顾芳从中周转使他从冤枉官司中脱身。江老儿要报答顾芳，将女儿爱娘送与他为妾，以表一片诚心。顾芳不贪女色，故事以顾芳的乐善好施、持身清正，与当时社会伦理的普遍堕落和衙门官吏的贪婪凶残加以直接的对比，在此基础上，故事通过情节的发展和结局进一步表现出清官文化的神圣意义：由于吏典的秉正无私，爱娘得以全身回家，后来有幸嫁给朝中显宦韩侍郎做了二房，而顾芳恰好升迁在韩侍郎衙中为属官，爱娘诚心报恩，将自己的原委告诉丈夫，顾芳后来受到皇帝嘉奖，所生三子，皆读书登第，他寿登九十五，无病而终。此乃上天厚报善人也。顾芳得到皇帝和上天的双重报偿，让清官理想的价值得以实现。

对官场的谴责以及人物的选择中看凌濛初对官场和官吏的态度，凌濛初对当时社会和官场的黑暗进行了猛烈抨击。“二拍”对官吏们的昏聩可以说深恶痛绝，在几处都直截了当地对草菅人命、是非不分的断案进行了批判和谴责。初刻卷十一《恶船家计赚假尸银　狠仆人误投真命状》中的一段话道出了官府断案的不易，二刻卷二十一《许察院感梦擒僧　王氏子因风获盗》中还有一段：话说天地间事，只有狱情最难测度。问刑官凭着自己的意思，认是这等了，坐在上面只是敲打。自古道：“棰楚之下，何求不得？”任是甚么事情，只是招了。见得说道重大之狱，三推六问。大略多守着现成的案，能有几个伸冤理枉的？至于盗贼之事，尤易冤人。一心猜是那个人了，便觉语言行动件件可疑，越辨越像。除非天理昭彰，显应出来，或可明白。若只靠着鞫问一节，尽有屈杀了再无说处的。二刻卷二十一还描述了一个县衙的捕快在逮到了盗贼之后的举动：

> 王惠认那后生的这一个正是车户李旺，走起身来，一把扭住道："你认得我么？"四人齐声和道："我们多是拿贼的！"李旺抬头，认得是王惠，先自软了。李彪身边取出牌来，明开着车户李旺盗银之事，把出铁链来锁了颈项，道："我每只管车户里打听，你却躲在这里卖酒！"连老儿也走不脱，也把绳来拴了。李彪终久是衙门人手段，走到灶下，取一根劈柴来，先把李旺打一个下马威，问道："银子那里去了？"李旺是贼皮贼骨，一任打着，只不开口。捕快李彪抓了人之后，用铁链锁了人，然后"走到灶下，取一根劈柴来，先把李旺打一个下马威"。

书中用了一句"李彪终久是衙门人手段"，不难看出，打人应该是衙门上下的常态。

卷二十《贾廉访赝行府牒　商功父阴摄江巡》写着一段：武进县知县是个贪夫。其时正有个乡亲在这里打抽丰，未得打发，见这张首状是关着人命，且晓得陈定名字是个富家，要在他身上设处些，打发乡亲起身。立时准状，佥牌来拿陈定到官，不由分说，监在狱中。只苦的是陈定，一同妾丁氏，俱拿到官，不由分说，先是一顿狠打，发下监中。

卷十八《甄监生浪吞秘药　春花婢误泄风情》中甄监生死后，知县将方士用刑，当日把玄玄子夹得一佛出世，二佛生天，又打勾一二百榔头。玄玄子虽然是江湖上油嘴棍徒，却是惯哄人家好酒好饭吃了，叫先生、叫师父尊敬过的，倒不曾吃着这样苦楚，好生熬不得。只得招了道:“用药毒死,图取财物是实。”知县叫画了供,问成死罪,把来收了大监,待叠成文案,再申上司。也是一个屈打成招的。

以上所引的几篇关于官吏断案的,对于拿到官的人,不由分说,都是一顿狠打,犹如《水浒》中的打杀威棒一般,此种行径在现实当不在少数。晚明时期,官场贪腐盛行,官吏昏聩无能,凌濛初在“二拍”中对此进行了无情的控诉:“如今为官做吏的人,贪爱的是钱财,奉承的是富贵,把那‘正直公平’四字,撇却东洋大海。明知这事无可宽容,也将来轻轻放过;明知这事有些尴尬,也将来草草问成。竟不想杀人可恕,情理难容。那亲动手的奸徒,若不明正其罪,被害冤魂何时瞑目?至于扳诬冤枉的,却又六问三推,千般锻炼。严刑之下,就是凌迟碎剐的罪,急忙里只得轻易招成,搅得他家破人亡,害他一人,便是害他一家了。只做自己的官,毫不管别人的苦。我不知他肚肠阁落里边,也思想积些阴德与儿孙么?”

第四节　儒冠误身——对科举的冷言冷语

士人是传统社会中士农工商四民之首。小说中的士人既有入仕为官者,也包括没有入仕者。本书主要考察秀才、举人、儒生等,一般意义上来说,士人多是受过一定教育的读书人。士人中多数身处江湖,与社会的联系较为密切,在社会生活中往往是较为活跃的一个群体,最能反映一个时代的特征,“二拍”中的士人能够反映出明中后期士人阶层的真实状态。他们的生活方式、价值观念与趣味追求,一直是世风所向。

“二拍”士人一览表

人物	身份	小说中事迹概述	出处
贾秀才	秀才	浙江婺州人，有胆有识，妻子被诱奸，向赵尼姑及卜良报仇。	初刻卷六
韩师愈	秀才	有才学，家贫徒壁，因点绣女事，得娶徽商金朝奉之女。	初刻卷十
张四维 李俊卿	秀才	韩师愈的同学与朋友，对韩极力相助。	初刻卷十
陈　衍	秀才	富家子弟，在南京秦淮湖居住，专好结客，又喜风月，被卫朝奉夺去家产。后设计奇谋，夺回原产。	初刻卷十五
闻人嘉	秀才	风流倜傥，与小尼同舟，遂成夫妻。	初刻卷三十四
张　寅	秀才	云南学霸，廪生，才高而刻薄。为独吞家产，贿赂杨巡道，后为杨所害。	二刻卷四
魏　造 杜　亿	秀才	都是闻参将之女蜚娥的同学，意气相投，后均出仕。	二刻卷十七
王　爵	秀才	陕西生员，商人王禄之兄，往山东处理王禄后事，在曹州东关开河集嫖尼，被杀在张善店中。	二刻卷二十一
高　广	秀才	老廪膳秀才，授徒为生，颇有积蓄，教女不得法，家财被搜刮殆尽，由学生与侄儿接济度日。	二刻卷二十六
汪秀才	秀才	家事富厚，家童数十，婢妾盈房，混名“汪太公”，为人豪爽，权略过人，养着一班梨园弟子。因游岳州，爱妾回风被洞庭湖水盗所掳，后用智谋夺回。	二刻卷二十七
王世名	秀才	儒士王良之子，为父报仇后自杀。	二刻卷三十一
潘　某	监生	松江富翁，专好黄白术，又好女色，受丹客欺诈，破费银两无数。	初刻卷十八

（续表）

人物	身份	小说中事迹概述	出处
甄廷诏	监生	家业富厚，有一妻二妾，笃好黄白术，因用淫药不当死亡。	二刻卷十八
朱大经	举人	监生甄廷诏同乡举人，劝甄廷诏勿幸黄白术，并作歌规劝。	二刻卷十八
沈灿若	举人	嘉兴有名的才子，入京会师，邂逅陆蕙娘，逃脱厄难，成为夫妻，后金榜题名。	初刻卷十六
黄平之 何　澄 方　昌 乐尔嘉	举人	沈灿若的朋友及府学同学、同科浙江举人。	初刻卷十六
王　生	儒生	虽习儒，尚未能入学，只在家中诵习，因酒后意气用事，与卖姜人推搡，酿成后患。	初刻卷十一
阮太始	儒生	教书，替人说合。	初刻卷十二
王　良	儒生	因债务被族人殴打致死。	二刻卷三十一

“二拍”中以士人为主要角色的篇目，初刻有10篇，二刻有9篇。这些作品，取材于当时，直接地反映当时社会和当时人的生活。其中有的是真人真事，有的是以真人真事为原型，有的则是对众多社会现象进行抽象及整合。士人最关心的事情莫过于科举。科举制度对中国社会的影响从时间跨度和改造社会阶层方面来看，仅次于皇权制度的建立和发展。科举制度的巩固和发展首先是把儒学定为考试内容，儒学成为社会的统治思想和正统思想。儒家学说中的听天由命的观念，谋事在人、成事在天的信条，对鬼神敬而远之的态度，与佛家思想一拍即合——形成中国人特有的命运信仰，这一点在科举制度对人的影响和改变上犹能彰显无遗。初刻卷四十《华阴道独逢异客　江陵郡三拆仙书》将科举中的命运

观念演说得淋漓尽致。入话起头的第一句话对科举的评价:话说人生只有科第一事,最是黑暗!可谓是作者的满腔愤懑之词。作者出身书香门第,祖父、父亲皆为进士,科业可谓家业,作者自幼读书习儒,以为一朝登科必能蟾宫折桂,谁料想到老还是一个贡生。一腔怨气,无处发泄,在这一卷里,对科举的冷言冷语,极尽揶揄之能事。如果不是经历一番磨难,恐怕也说不出这样的话。既有对奋发的人高中的肯定——故此说"皇天不负苦心人",毕竟水到渠成,应得的多,也有对胸中锦绣、笔走龙蛇不中的人的惋惜——李、杜、王、孟,不是万世推尊的诗祖?终归作者对命运的无常也是信仰的。

科举成败,除了有自身努力之外,命运最是变幻莫测,不信不行,不服不行。不论是作者还是广泛的儒家弟子都相信成败天注定。虽然考试需要凭借个人的努力、掌握的知识和自身的能力,但天命不可违,而且天命不可测,作者的一句诗,或许代表着当时所有士子的叹息。"文章自古无凭据,惟愿朱衣一点头。""朱衣",相传宋欧阳修知贡举时,每当披阅试卷,便觉座后站着一个朱衣人,朱衣人点头的文章便入格。后遂称试官为"朱衣"或"朱衣使者"。连欧阳修都有不能左右的文章,举子命运的使者——朱衣使者又有谁能够知晓他的心思?

接下来,作者讲了五件科场中的故事,为了说明问题,这几个故事都不作删减,一并抄录如下:

有个该中了,撞着人来帮衬的。湖广有个举人,姓何,在京师中会试。偶入酒肆,见一伙青衣大帽人在肆中饮酒,听他说话,半文半俗;看他气质,假斯文带些光棍腔。何举人另在一座,自斟自酌。这些人见他独自一个寂寞,便来邀他同坐。何举人不辞,就便随和欢畅。这些人道是不做腔,肯入队,且又好相与,尽多快活。吃罢散去。隔了几日,何举人在长安街过,只见一人醉卧路傍,衣帽多被尘土染污。仔细一看,却认得是前日酒肆里同吃酒的内中一人。也是何举人忠厚处,见他醉后狼藉不像样,走近身扶起他来。其人也有些醒了,张目一看,见是何举人扶他,把手拍一拍臂膊,哈哈笑道:“相公造化到了!”就伸手袖中,解出一条汗巾来,汗巾结里,裹着一个两指大的小封儿,对何举人道:“可拿到下处自看。”何举人不知其意,袖了到下处去。下处有好几位同会试的在那里,何举人也不道是什么机密勾当,不以为意,竟在众人面前拆开看时,乃是六个《四书》题目,八个经题目,共十四个。同寓人见了,问道:“此自何来?”何举人把前日酒肆同饮、今日跌倒街上的话,说了一遍,道:“是这个人与我的,我也不知何来。”同寓人道:“这是光棍们假作此等哄人的,不要信他。”独有一个姓安的心里道:“便是假的何妨?我们落得做做熟也好。”就与何举人约了,每题各做一篇。又在书坊中寻刻的好文,参酌改定。后来入场,七个题目都在这里面的。二人多是预先做下的文字,皆得登第。元来这个醉卧的人,乃是大主考的书办,在他书房中抄得这张题目,乃是一正一副在内。朦胧醉中,见了何举人扶他,喜欢,与了他。也是他机缘辐辏,又挈带了一个姓安的。这些同寓不信的人,可不是命里不该,当面错过?

醉卧者人,吐露者神。信与不信,命从此分。

有个该中了,撞着鬼来帮衬的:扬州兴化县举子应应天乡试,头场日齁睡,一日不醒,号军叫他起来,日已晚了。正自心慌,且到号底厕上走走。只见厕中已有一个举子在里头,问兴化举子道:“兄文成未?”答道:“正因睡了失觉,一字未成,了不得在这里。”厕中举子道:“吾文皆成,写在王讳纸上。今疾作,誊不得了。兄文既未有,吾当赠兄罢。他日中了,可谢我百金。”兴化举子不胜之喜。厕中举子就把一张王讳纸递过来,果然七篇多明明白白写完在上面。说道:“小弟姓某名某,是应天府学,家在僻乡。城中有卖柴牙人某人,是我侄,可一访之,便可寻我家了。”兴化举子领诺,拿到号房,照他写的誊了,得以完卷。进过三场,揭晓果中,急持百金,往寻卖柴牙人,问他叔子家里。那牙人道:“有个叔子,上科正患痢疾进场,死在场中了。今科那得还有一个叔子?”举子大骇,晓得是鬼来帮他中的。同了牙人,直到他家,将百金为谢。其家甚贫,梦里也不料有此百金之得,阖家大喜。这举子只当百金买了一个春元。

一点文心,至死不磨。上科之鬼,能助今科。

有个该中了,撞着神借人来帮衬的。宁波有两生,同在鉴湖育王寺读书。一生儇巧,一生拙诚。那拙的信佛,每早晚必焚香在大士座前祷告,愿求明示场中七题。那巧的见他匍匐不休,心中笑他痴呆,思量要耍他一耍。遂将一张大纸,自拟了七题,把佛香烧成字,放在香几下。拙的明日早起拜神,看见了,大信,道:“是大士有灵,果然密授秘妙。”依题遍采坊刻佳文,名友窗课,模拟成七篇好文,熟记不忘。巧的见他信以为实,如此举动,道是被作弄着了,背地暗笑他着鬼。岂知进到场中,七题一个也不差,一挥而出,竟得中式。这不是大士借那儇巧的手,明把题目与他的?

拙以诚求，巧者为用。鬼神机权，妙于簸弄。

有个该中了，自己精灵现出帮衬的。湖广乡试日，某公在场阅卷倦了，朦胧打盹。只听得耳畔叹息道："穷死，穷死！救穷，救穷！"惊醒来，想一想道："此必是有士子要中的作怪了。"仔细听听，声在一箱中出。伸手取卷，每拾起一卷，耳边低低道："不是。"如此屡屡，落后一卷，听得耳边道："正是。"某公看看，文字果好，取中之，其声就止。出榜后，本生来见。某公问道："场后有何异境？"本生道："没有。"某公道："场中甚有影响，生平好讲甚么话？"本生道："门生家寒不堪，在窗下每作一文成，只呼'穷死'、'救穷'，以此为常，别无他话。"某公乃言阅卷时耳中所闻如此，说了，共相叹异，连本生也不知道怎地起的。这不是自己一念坚切，精灵活现么？

精诚所至，金石为开。果然勇猛，自有神来。

有个该中了，人与鬼神两相凑巧帮衬的。浙场有个士子，原是少年饱学，走过了好几科，多不得中。落后一科，年纪已长，也不做指望了。幸得有了科举，图进场完故事而已。进场之夜，忽梦见有人对他道："你今年必中，但不可写一个字在卷上；若写了，就不中了。只可交白卷。"士子醒来，道："这样梦也做得奇，天下有这事么？"不以为意。进场领卷，正要构思下笔，只听得耳边厢又如此说道："决写不得的！"他心里疑道："好不作怪！"把题目想了一想，头红面热，一字也忖不来。就暴燥起来，道："都管是又不该中了，所以如此。"闷闷睡去。只见祖、父俱来，分付道："你万万不可写一字，包你得中便了。"醒来叹道："这怎么解？如此梦魂缠扰，料无佳思，吃苦做甚么！落得不做，投了白卷出去罢。"出了场来，自道："头一个就是他贴出，不许进二场了。”只见试院开门，贴出许多不合式的来，有不完篇的，有脱了稿的，有差写题目的，纷纷不计其数。正拣他一字没有的，不在其内。倒哈哈大笑道：“这些弥封对读的，多失了魂了！”隔了两日，不见动静，随众又进二场，也只是见不贴出，瞒生人眼，进去戏耍罢了。才捏得笔，耳边又如此说。他自笑道：“不劳分付。头场白卷，二场写他则甚？世间也没这样呆子。”游衍了半日，交卷而出，道这番决难逃了。只见第二场又贴出许多，仍复没有已名，自家也好生诧异。又随众进了三场，又交了白卷，自不必说。朋友们见他进过三场，多来请教文字。他只好背地暗笑，不好说得。到得榜发，公然榜上有名，高中了。他只当是个梦，全不知是那里起的。随着赴鹿鸣宴风骚，真是十分侥幸。领出卷来看，三场俱完好，且是锦绣满纸，惊得目睁口呆，不知其故。元来弥封所两个进士知县，多是少年科第，有意思的，道是不进得内帘，心中不伏气。见了题目，有些技痒，要做一卷试试手段，看还中得与否，只苦没个用印卷子。虽有个把不完卷的，递将上来，却也有一篇半篇先写在上了，用不着的。已后得了此白卷，心中大喜。他两个记着姓名，便你一篇、我一篇，共相斟酌改订，凑成好卷，弥封了，发去誊录。三场皆如此，果然中了出来。两个进士暗地得意，道：“是这人有天生造化。”反着人寻将他来，问其白卷之故。此生把梦寐叮嘱之事，场中耳畔之言，一一说了。两个进士道：“我两人偶然之兴，皆是天教代足下执笔的。”此生感激无尽，认做了相知门生。

张公吃酒，李公却醉。命若该时，一字不费。

第一个该中的故事跟人为有关，他遇到了知道考题的人，虽然也纯属巧合，但是，从文中我们也可以看到作者和大众的一个心理——信与不信，命从此分。信则有不信则无，大多数中国人都信奉“宁可信其有不可信其无”的态度来对待命运，当然，在儒家主导的社会中，一个人的命运可能会受到他的德行的影响，这个该中的，也是因为他为人忠厚，见到有人在难处，伸手帮了一把，“勿以善小而不为”，点滴之间神明有见，体现了佛教因果报应思想。其他四个该中的故事，也大都可以如是分析，不同之处在于，帮助该中之人的全都与神明鬼怪有关系，加入了超自然的观念，对于命运的多舛之处，最好的解释莫过于将其归功于超自然的力量。在儒家就是天命，在佛处即为神明。把天命、神明和科举考试联系在一起的就是报应观念和超自然信仰。这些带给读书人坚定的信念：梅花香自苦寒来，精诚所至，金石为开。果然勇猛，自有神来。基于这样的信仰，一方面，古代士子可以持之以恒，多年寒窗耐得寂寞，独善其身提高德行，另一方面，基于这样的信仰中的超自然部分的认识，士子们在失败之后能够淡然平静，命运使然，强求不得。

当然，将中与不中归之于命运、交付于神明还有另一层意义，那就是缓解科举考试给士子带来的巨大压力。中国古代士子出人头地的出路不多，其实当今社会给年轻人提供的机会又有多少，对多数青年来说，高考似乎还是唯一途径。鲤鱼跳龙门是科举带给士子们希望和梦想的唯一之路。跳过龙门者，及第后的荣华富贵几乎指日可待，所谓“春风得意马蹄疾，一日看尽长安花”。初刻卷十《韩秀才乘乱聘娇妻　吴太守怜才主姻簿》中，穷秀才韩师愈聘下富商金朝奉的女儿，金朝奉嫌弃韩秀才穷设计赖婚，后来韩秀才科考中榜，“拔为前列。春秋两闱，联登甲第，金家女儿已自做了夫人”。金朝奉思想前情,惭悔无及。“若预先知有今日,就是把女儿与他为妾,也情愿了。”不仅是士子们本人一生在追求此梦想,他的家人、亲戚和所有乡亲故里,都把希望寄托在他们身上,而且,由于科举不是年年都考试,更不是一考就能及第,如此经历往往都要耗去士子多年美好时光,他们身上的压力可想而知,在多方压力之下,个人在考场上的得失就会产生强烈影响。士子们都愿意把最后的控制权交给神明之手,不必承担科举失利的沉重后果。

在讲完五个该中的故事之后,本卷接着又讲了一个不该中的故事,故事也跟神明有关,颇有戏剧性。士人诸葛一鸣读书很刻苦,过年都在山中读书不回家,即便自己如此努力,他也希望神明能够保佑他,在元旦之际,他去神庙祈祷,自然是求取功名了。意外之喜的是他在路上遇到了阴间神道,一个金甲神人,神人正在迎接今科举子榜。一鸣不在榜上,但神人告诉他在下一榜,一鸣以家贫为由希望能够在今榜上题名,神人索贿后同意帮忙,后来一鸣果然中了榜上最后一名。但他只顾自己高兴,忘了给神人烧楮钱,致使神人受到惩处。后来神人报复一鸣,作弄他,让他作弊被捉,前程也毁了。这个故事很有几个现象值得注意。一是神明之中也有行贿受贿的时弊。明末朝廷政治昏庸无能,腐败滋生,以天启年间阉党横行达到乱政顶峰。卖官鬻爵之风大行其道,科举舞弊之风遍行上下。小说中虽然说的是阴间的舞弊,但行径与世人并无二致,不论水平如何,有钱就可以买来金榜题名,具有强烈的讽刺意味。二是道德问题最终成为决定一个人成功与否的关键。一鸣本来可以凭借自己的刻苦努力获得成功,只不过就是晚了一期,但是,他投机取巧,借行贿之力图中榜之机,最后达成所愿。但由于不能坚持一以贯之的自身努力,后又失信于给神人送钱的约定,在道德方面有重大缺点，受到惩罚与捉弄也就不可避免了。三是鬼神帮助士子参与了作弊，使人们在批评科举制度中的不公正、腐败等问题时，有一种打到棉花团的无可奈何之感，归之于鬼神等莫须有的虚幻也就大事化小小事化了了。

凌濛初对待科举的态度首先是将科举放在一等位置上，从因果报应的故事结局来看在“二拍”中的科考之好人最终都有金榜题名的美满结局。粗略统计这样的好人有：初刻卷十五《卫朝奉狠心盘贵产　陈秀才巧计赚原房》的贾生：“那慧空要讨别人便宜，谁知反吃别人弄了，此便是贪心太过之报。后来贾生中了，直做到内阁学士，李生亦得登第做官。”初刻卷十六《张溜儿熟布迷魂局　陆蕙娘立决到头缘》中的举子沈灿若因救了陆蕙娘得到好的结局：“果然金榜题名，传胪三甲……灿若后来做到开府而止，蕙娘生下一子，后亦登第，至今其族繁盛。”初刻卷二十《李克让竟达空函　刘元谱双生贵子》中好人刘元谱的两个儿子：“天佑状元及第，天锡进士出身，兄弟两人青年同榜。”初刻卷二十四《盐官邑老魔魅色　会骸山大士诛邪》：“后来刘秀才得第，夫荣妻贵。仇大姓夫妻俱登上寿，同日念佛而终。”但是，凌濛初对科考的心情可谓爱恨交加，他寄希望于科考能够让好人有好报，金榜题名，出人头地，可在现实中他自己屡屡碰壁，看到的也是场中的无尽黑暗，在“二拍”中凌濛初有时充满怨气，揭露科场的种种弊端，例如初刻卷二十九《通闺闼坚心灯火　闹囹圄捷报旗铃》篇中有段表白，开头诗曰：世间何物是良图？惟有利名救急符。试看人情翻手变，窗前可不下功夫！

话说自汉以前，人才只是举荐征辟，故有贤良方正、茂才异等之名。其高尚不出，又有不求闻达之科。所以野无遗贤，人无匿才,天下尽得其用。自唐宋以来,俱重科名。虽是别途进身,尽能致位权要,却是惟以此为华美。往往有只为不得一第,情愿老死京华的。到我国朝,初时三途并用,多有名公大臣,不由科甲出身,一般也替朝廷干功立业,青史标名不朽,那见得只是进士才做得事?直到近来,把这件事越重了。不是科甲的人,不得当权。当权所用的,不是科甲的人,不与他好衙门、好地方,多是一帆布置。见了以下出身的,就不是异途,也必拣个惫懒所在打发他。不上几时,就勾销了。总是不把这几项人看得在心上。所以别项人内便尽有英雄豪杰在里头,也无处展布。晓得没甚长筵广席,要做好官也没干,都把那志气灰了,怎能勾有做得出头的?及至是个进士出身,便贪如柳盗跖,酷如周兴、来俊臣,公道说不去,没奈何考察坏了,或是参论坏了,毕竟替他留些根。又道是百足之虫,至死不僵。跌仆不多时,转眼就高官大禄,仍旧贵显。岂似科贡的人,一勾了帐?只为世道如此重他,所以一登科第,便像升天。却又一件好笑,就是科第的人,总是那穷酸秀才做的,并无第二样人做得。及至肉眼愚眉,见了穷酸秀才,谁肯把眼稍来管顾他?还有一等豪富亲眷,放出倚富欺贫的手段,做尽了恶薄腔子待他。到得忽一日榜上有名,掇将转来,呵脬捧卵,偏是平日做腔欺负的头名,就是他上前出力。真个世间惟有这件事,贱的可以立贵,贫的可以立富;难分难解的冤仇,可以立消;极险极危的道路,可以立平。遮莫做了没脊梁、惹羞耻的事,一床锦被可以遮盖了。

熟悉历史的凌濛初不是不明白汉代用选人才征辟的办法容易

产生任人唯亲的弊端，但为了批判科考，他赞美其“野无遗贤，人无匿才，天下尽得其用”。如果唯科考取人，贪酷险恶之人一登科第也做了大官，害人匪浅。人们对科考之人及第前后的态度截然不同。在初刻卷十《韩秀才乘乱聘娇妻 吴太守怜才主姻簿》中，作者描述了一个士子及第前后其岳父的思想变化。穷秀才韩师愈乘民间惧怕皇帝来点绣女，聘下富商金朝奉的女儿，但事情过后，金朝奉嫌弃韩秀才穷设计赖婚，官司打到衙门，县令赏识韩秀才的相貌和才华，后来韩秀才科考中榜，“拔为前列。春秋两闱，联登甲第，金家女儿已自做了夫人”。金朝奉思想前情，惭悔无及。“若预先知有今日，就是把女儿与他为妾，也情愿了。”如果没有中榜，恐怕韩秀才的地位也好不到哪里，在晚明时期，能够与富商和金钱相抗衡的只有金榜题名了。

第五节 “二拍”女性话语分析

“二拍”78篇作品塑造了丰富多彩的女性形象，涉及社会各个阶层、不同身份的女性：有官宦之家的大家闺秀，有市井的平凡女子，有倚楼卖笑的青楼女子等，这些女性大都个性鲜明，形象饱满，有刚烈贞洁者、有忍辱负重者、有机智勇敢者、有贪图享乐者，不一而足，她们不再是无关紧要的配角，她们有自己的生活目标和追求，她们在挣扎着用女性的声音呐喊。女性在社会生活中出现频率增多，一方面是社会活动频繁，传统的人际关系格局发生变化，男女之间的交往增多，另一方面，社会思想禁锢松动，崇尚自由、追求享乐，社会对两性关系态度宽容，“二拍”从多个角度描述了男女之间的交往。“二拍”中有对贞妇烈女的描述篇章，初刻卷十九中的谢小娥为报全家被杀之仇，忍辱负重，最终出家为尼。二刻卷三十一中孝子王世名妻俞氏，为夫守丧三年后绝食而死，二刻卷三十二中的张氏被丈夫抛弃，苦心教子，不思改嫁。

以女性婚姻为例，据统计，初刻共有六篇故事涉及女性的婚变，包括卷二《姚滴珠避羞惹羞　郑月娥将错就错》、卷六《酒下酒赵尼媪迷花　机中机贾秀才报怨》、卷十六《张溜儿熟布迷魂局　陆蕙娘立决到头缘》、卷二十六《夺风情村妇捐躯　假天语幕僚断狱》、卷二十七《顾阿秀喜舍檀那物　崔俊臣巧会芙蓉屏》以及卷三十二《乔兑换胡子宣淫　显报施卧师入定》，占了整本小说的15%。在二刻中，涉及女性婚变的故事篇章有卷六《李将军错认舅　刘氏女诡从夫》，卷七《吕使君情媾宦家女　吴太守义配儒门女》，卷三十八《两错认莫大姐私奔　再成交杨二郎正本》，占整本小说的7.5%。①

“二拍”中初刻卷二的姚滴珠身上表现出非常明显的是普通人家女子言谈举止有贪图享乐的一面。姚滴珠被骗在汪锡处，起先虽有不愿意，但是经过一番思量，她很快就转变了念头，贪图眼前快活跟了吴朝奉私合。她“喜欢这个干净房卧，又看上了吴大郎人物，听见说就在此间住，就像是他家里一般的，心下到有十分中意了”。最后，在官府中到底也没有把吴朝奉供出来，心底对往日与吴朝奉男欢女爱的日子多少有所留恋。

卷三十八《两错认莫大姐私奔　再成交杨二郎正本》中的莫大姐堪称不从一而终的典范。她先是与杨二郎勾搭成奸，又与郁盛

---

① 曹莉芳：《试论“三言”、“二拍”中女性婚变及其意义》，南昌大学2007年硕士论文。

错里私奔相处一阵后，被卖到了妓院四五年，后被丈夫徐德寻回，徐德当官休了她，不成想杨二郎倒愿意娶她，最终“莫大姐称心像意，得嫁了旧时相识。因为吃过了这些时苦，也自收心学好，不似前时惹骚招祸，竟与杨二郎到了底”。

青年男女对于两性的关系并不全部以追求婚姻为目标，当然能够有情人终成眷属最好，如若不行，极尽两情欢娱而不在乎世俗礼仪。初刻卷二十九《通闺闼坚心灯火　闹图圄捷报旗铃》中描述幼谦和惜惜的偷偷相会：

> 惜惜如获珍宝，双手抱了，口里埋怨道：“亏你下得，直到这时节才归来！而今已定下日子了，我与你就是无夜不会，也只得两月多，有限的了。当与你极尽欢娱而死，无所遗恨。你少年才俊，前程未可量。奴不敢把世俗儿女态，强你同死。但日后对了新人，切勿忘我！”说罢大哭。幼谦也哭道：“死则俱死，怎说这话！我一从别去，那日不想你？所以试毕，不等揭晓就回。只为不好违拗得父亲，故迟了几日。我认个不是罢了，不要怪我。蒙寄新词，我当依韵和一首，以见我的心事。”取过惜惜的纸笔，写道：去时不由人，归怎由人也？罗带同心结到成，底事教拚舍？　　心是十分真，情没些儿假。若道归迟打掉篦，甘受三千下。惜惜看了词中之意，晓得他是出于无奈，也不怨他。同到罗帏之中，极其缱绻。俗语道：“新婚不如远归。”况且晓得会期有数，又是一刻千金之价，你贪我爱，尽着心性做事，不顾死活。

二刻卷九《莽儿郎惊散新莺燕　㑇梅香认合玉蟾蜍》中对杨素

梅的语言描写颇符合闺中小姐心理。对心上之人又喜爱：“素梅也失魂丧魄的，掉那少年书生不下。每日上楼几番，但遇着便眉来眼去，彼此有意，只不曾交口。”又担心害怕：“只恐书生薄幸，且顾眼下风光，日后不在心上，撇人在脑后了，如何是好。”杨素梅与侍女龙香商量。素梅也笑将起来，道：“痴丫头！就像与他一路的。我倒有句话与你商量：我心上真有些爱他，其实瞒不得你了。如今他送此玉蟾蜍做了信物，要我去会他，这个却怎么使得？”

二刻卷三十四《任君用恣乐深闺　杨太尉戏宫馆客》描写女性的享乐行为颇为露骨：

> 士人洞中是暗处，觑出去看那灯亮处较明，乃是十来个少年妇人，靓妆丽服，一个个妖冶举止，风骚动人。士人正看得动火，不匡那一伙人一窝蜂的多抢到石洞口，众手齐来揭毡。看见士人面貌生疏，俱各失惊道：“怎的不是那一个了？”面面厮觑，没做理会。一个年纪略老成些的妇人，夺将纱灯在手，提过来把士人仔细一照，道：“就这个也好。”随将纤手拽着士人的手，一把挽将出来。士人不敢声问，料道没甚么歹处，软软随他同走。引到洞房曲室，只见酒肴并列，众美争先，六博争雄，交杯换盏，以至搂肩交颈，揾脸接唇，无所不至。几杯酒下肚，一个个多兴热如火，不管三七二十一，一把推士人在床上了。齐攒入帐中，脱裤的脱裤，抱腰的抱腰……直到五鼓，方才一个个逐渐散去。士人早已弄得骨软筋麻，肢体无力，行走不动了。

“二拍”表现出对婚姻与爱情的观念，多少受到凌濛初所处的时代和他的感情经历的影响。晚明士子中崇情任性、留恋风月成为时尚，明末的才子们大都有一段浪漫情史。尤其以秦淮八大名妓与当时文人的轶事成为千古佳话。倾国名姬陈圆圆所演绎的吴梅村《圆圆曲》中所曰：“恸哭六军俱缟素，冲冠一怒为红颜。”侠肝义胆李香君与侯方域演绎了一段凄美《桃花扇》，风骨凌峻柳如是与钱谦益，艳艳风尘董小婉与四公子之一的冒辟疆，这些人物都成为时人羡慕、后人追慕的传奇。冯梦龙也曾与歌妓侯慧卿上演了一段缠绵悱恻的恋情。明末浙江湖州诗人董斯张（1587～1628）在他的诗集《静啸斋存草》中有一篇赠给凌濛初的诗作，《静啸斋存草》卷四收《叹世曲为凌初成赋》一首：

白袷少年才如虹，寸毫未腐千秋空。相交酒人古风气，两两调笑城日红。乘船小姝杨柳下，拂面留卿手轻把。玉儿掩泪骄齐王，西陵油壁连骢马。秦淮桥边醉芰荷，笑言半合还复歌。双魂缠绵奈何许，南山有石青嵯峨。黑风折云鱼鳞碎，绣凤楼空洞箫死。菅陵道人来不来，梦草含烟泣春水。

这是一首董斯张写凌濛初的诗。诗中极赞才情非凡、风流倜傥的少年凌濛初，具体描写了其与“乘船小姝”的缠绵悱恻之情以及横遭拆散的悲情。对于这首诗的解读，由于其他事迹材料十分有限，而凌濛初与董斯张的具体交往，更无法知悉。一个推测可能是董斯张根据凌濛初在交往时给他讲的早年故事写下的，董斯张比凌濛初小七岁，如果少年凌濛初所正在经历的感情经历，董斯张应该还未成年。凌濛初十二岁入学读书，十八岁时成为秀才，这一段时间应该在家乡度过，凌家书香门第，读书求取功名是正途，凌濛初在两次科场之前应该对自己一举中榜、光宗耀祖是很有信心的，毕竟他的父亲、祖父都是进士出身。如果诗中所描绘的在秦淮所经历的这段感情是真实的话，大体可能是凌濛初在南京参加国子监考试期间发生的。当时凌濛初正风华正茂，如果这时他与董斯张相交倒也说得过去。董斯张的诗记下了那个时代中作为一个才子的凌濛初的一段感情经历。所以诗中所写的凌濛初与“乘船小姝”的交往大概也是类似的情感经历，“乘船小姝”很可能是一位多才多艺的歌姬，乘船在杨柳岸边与凌濛初相遇，“乘船小姝”对白衣少年凌濛初一见倾心，凌濛初也禁不住为她的才貌陶醉，他们的相遇让人不禁想起苏小小的故事，“妾乘油壁车，郎骑青骢马。何处结同心？西泠松柏下。”可能当时凌濛初也骑着一匹青骢马，两人相结同心度过了一段甜蜜沉醉的日子，“秦淮桥边醉芰荷，笑言半合还复歌”。美好的日子总是短暂的，两人的交往很快被现实的残酷所击碎。跟当时的大多数名士与名妓的感情一样，凌濛初与“乘船小姝”的感情亦是开始于美好，结束于哀伤。

“二拍”中记述了大量妓女的故事，如初刻卷二中的郑月娥；卷十二中的京师曹氏女子本是良家妇女，被人骗至娼家等，数量有近20篇，初刻卷二十五《赵司户千里遗音　苏小娟一诗正果》讲青楼女子的故事，重点在歌颂真挚的爱情。其中开篇诗曰：“青楼原有掌书仙，未可全归露水缘。多少风尘能自拔，淤泥本解出青莲。”卷中有对妓女的分析和正面赞赏，颇有不流于俗世的眼界：

> 看官，你道倡家这派起于何时？元来起于春秋时节。齐大夫管仲，设女闾七百，征其合夜之钱以为军需。传至于后，此风大盛。然不过是侍酒陪歌，追欢买笑，遣兴陶情，解闷破寂，实是少不得的，岂至遂为人害！争奈“酒不醉人人自醉，色

不迷人人自迷”，才有欢爱之事，便有迷恋之人；才有迷恋之人，便有坑陷之局。做姊妹的，飞絮飘花，原无定主；做子弟的，失魂落魄，不惜馀生。怎当得做鸨儿龟子的，吮血磨牙，不管天理，又且转眼无情，回头是计。所以弄得人倾家荡产，败名失德，丧躯殒命，尽道这娼妓一家是陷人无底之坑，填雪不满之井了。总由子弟少年浮浪，没主意的多，有主意的少；娼家习惯风尘，有圈套的多，没圈套的少。至于那雏儿们，一发随波逐浪，那晓得叶落归根？所以百十个姊妹里头，讨不出几个要立妇名、从良到底的。就是从了良，非男负女，即女负男，有结果的也少。却是人非木石，那鸨儿只以钱为事，愚弄子弟，是他本等，自不必说。那些做妓女的，也一样娘生父养，有情有窍，日陪欢笑，夜伴枕席，难道一些心也不动，一些情也没有，只合着鸨儿做局骗人过日不成？这却不然。其中原有真心的，一意绸缪，生死不变，原有肯立志的，亟思超脱，时刻不忘。从古以来，不止一人。而今小子说一个妓女，为一情人相思而死，又周全所爱妹子，也得从良，与看官们听，见得妓女也有好的。有诗为证，诗云：

有心已解相思死，况复留心念连理。似此多情世所稀，请君听我歌天水。天水才华席上珍，苏娘相向转相亲。一官各阻三年约，两地同归一日魂。遗言弱妹曾相托，敢谓冥途忘旧诺？爱推同气了良缘，赓歌一绝于飞乐。

二刻卷十二《硬勘案大儒争闲气　甘受刑侠女著芳名》中的妓女严蕊堪称妓女中的侠女，得到凌濛初的赞美。

“二拍”中还有一类人物颇值得关注和分析，那就是“三姑六婆”的话语。元人陶宗仪《南村辍耕录》卷十《三姑六婆》对“三姑六婆”说明:“三姑者:尼姑、道姑、卦姑;六婆者:牙婆、媒婆、师婆、虔婆、药婆、稳婆也。”“二拍”中描述“三姑六婆”的话语是写得十分生动的一部分。她们生活经验丰富,深谙人情世故,又善察言观色、揣度心意,随意跟人说些家常话,都严针密线、滴水不漏,前后一对照是前后相连、早有预谋,不仅逻辑十分严密,而且善于抓住人的心理节奏,欲扬先抑,以退为进。虽然这些婆子多为配角,替人牵线搭桥,但事无不谐,有着超强的公关能力,成为“二拍”人物中形象十分鲜明的角色,究其主要原因就是这类婆子口舌十分厉害。《醒世恒言》卷三中借刘四妈之口对这类人的口才赞叹道:“是女随何,雌陆贾,说得罗汉思情,嫦娥想嫁……就是醉梦中,被你说得醒;就是聪明的,被你说得呆。好个烈性的姑姑,也被你说得他心地改”,凭着一张三寸不烂之舌能把“一块硬铁看看熔做热汁”。① 再如初刻卷二《姚滴珠避羞惹羞　郑月娥将错就错》中牙婆王奶奶看到姚滴珠后说:“有这样好标致娘子做了媳妇,折杀了你……花枝般一个娘子。”这些婆子初次见面一般都会说极尽吹捧阿谀的话,一番甜言蜜语说得对方十分受用,让对方消除防备而产生好感,然后又劝说姚滴珠:“娘子,你不消问得的,只是看得中意的,拣上一个。等我对他说成了,他把你似珍宝一般看待,十分爱惜。吃自在食,着自在衣,纤手不动,呼奴使婢,也不枉了这一个花枝模样,强如守空房、做粗作、淘闲气万万倍了。”这样的一番话,说得年轻阅世尚浅的姚滴珠不由得心思摇荡,心甘情愿地做了暗娼。

① 〔明〕冯梦龙:《醒世恒言》上册,人民文学出版社 1956 年版,第 47 页。

初刻卷三十四《闻人生野战翠浮庵　静观尼昼锦黄沙弄》中尼姑为了骗取杨妈妈的漂亮女儿做徒弟,故意吓唬杨妈妈说:“这多是命中带来的。请把姑娘八字与小尼推一推看”,“姑娘命中犯着孤辰,若许了人家时,这病一发了不得……妈妈若割舍得下时,将姑娘送在佛门做个世外之人,消灾增福,此为上着”,一番言语骗得杨妈妈主动将女儿送到她庵堂为徒。初刻卷六《酒下酒赵尼媪迷花　机中机贾秀才报怨》中滕生看上了美貌的狄夫人,请尼姑慧澄为其牵线搭桥,慧澄先设一个机关:拿着滕生提供的珠子对狄夫人说:“是夫人前日所托寻取珠子,今有两囊上好的,送来夫人看看。”接着又骗狄夫人,“一个少年官人因仇家诬枉,失了官职,只求一关节到吏部辨白是非,求得复任,情愿送此珠子”,要请狄氏帮忙,接着骗得狄氏到庵堂与滕生见面而勾搭成奸。此卷正话中赵尼姑受卜良之托设计骗奸巫娘子,这赵尼姑的语言相当生动,请看以下两则对卜良说的话:

> 赵尼姑道:“阴沟洞里思量天鹅肉吃!他是个秀才娘子,等闲也不出来,你又非亲不族,一面不相干,打从那里交关起?只好看看罢了。”
>
> 赵尼姑道:“从古道:慢橹摇船捉醉鱼。除非弄醉了他,凭你施为,你道好么?”

再看赵尼姑对巫娘子的哄骗之词,先是故意说:“大娘子与秀才官人两下青春,成亲了多时,也该百喜信生小官人了。”察言观色,正说着了巫娘子的心坎上的事情,随后又说:“求子嗣须求白衣观音,自有一卷《白衣经》……须请大娘到庵中,在白衣大士菩萨面前亲口许下卷数。”这样把巫娘子骗到庵堂以药糕醉倒后被卜良奸污。这些三姑六婆的目的大多不良。赵尼姑的一段话简直就是年轻放纵的宣言，“少年时节，便相处着个把，也不虚度了青春，故此做成这事。那家猫儿不吃荤？多在我老人家肚里。大娘不要认真，落得便快活快活。等那个人菩萨也似敬你，宝贝也似待你，有何不可？”“二拍”中这些婆子的语言成为一个亮点，是“二拍”塑造较为成功的人物形象。

二刻卷十一《满少卿饥附饱扬　焦文姬生仇死报》里批判了满少卿忘恩负义、富贵易妻的丑恶行为，对现实生活中只准男人丧妻后续弦再娶、置妾买婢，而不许寡妇再嫁的现象表示了不平，实际上提出了在爱情婚姻生活中要求男女平等的观点。“却又一件，天下事有好些不平的所在。假如男人死了，女人再嫁，便道是失了节、玷了名、污了身子，是个行不得的事，万口訾议。及至男人家丧了妻子，却又凭他续弦再娶，置妾买婢，做出若干的勾当，把死的丢在脑后，不提起了，并没人道他薄幸负心，做一场说话。就是生前房室之中，女人少有外情，便是老大的丑事，人世羞言。及至男人家撇了妻子，贪淫好色，宿娼养妓，无所不为，总有议论不是的，不为十分大害。所以女子愈加可怜，男人愈加放肆。这些也是伏不得女娘们心里的所在。不知冥冥之中，原有分晓。若是男子风月场中略行着脚，此是寻常勾当，难道就比了女人失节一般？但是果然负心之极，忘了旧时恩义，失了初时信行，以至误人终身、害人性命的，也没一个不到底报应的事。”

在凌濛初主张男女平等的思想支配下，“二拍”中写了大量的反封建礼教的生动有趣的故事，使女人在这些作品里生活得自由自在，不受封建礼教的束缚，施展她们的各种各样的才华。

第七章

结 语

“二拍”为中国古代拟话本小说之翘楚，是第一部真正意义上文人独立创作的白话短篇小说集。“二拍”所使用的语言——白话具有明显近代化语言的特征，而且是在传统语言的母体中演化而来的，完全是中国文学语言的自我完善、自我转型、自我发展。正如白春仁先生所说，中国文学语言有其完整的统一性和规范化。“汉民族的文学语言，从《诗经》到五四新文学，再经过半个世纪的演变，形成源远流长、气象万千的传统。这个传统是强大的，又是多元的。所谓强大，就是历经千年，光焰不减，依然发挥着审美的艺术功能。文学语言由古代的诗文小说戏曲，发展到现代的诗歌小说、散文戏剧，虽历经沧桑巨变，却一直作为统一的整体存在。”①明代拟话本所使用的白话现在虽然作为小说创作语言已成为历史，但其艺术的审美价值依然存在。将“二拍”的语言放在社会变迁激荡的晚明历史时期考察，近代化的萌发不仅在社会变迁中暗流涌动，在文学语言中也初现峥嵘。

① 白春仁：《文学修辞学》，吉林教育出版社 1993 年版，第 74 ~ 75 页。

一

历史学、社会学等学科对晚明社会变迁的研究有一种观点：中国近代化的萌芽发生在晚明时期。相对于传统社会而言，晚明的社会变化从经济到政治以及思想文化都与之前的社会有了很大不同，甚至人们的生活方式、价值观念和心理态度等方面都发生了深刻改变。“到了明代中期，思想世界其实已经产生了深刻的危机，由于汉族与异族、皇权与绅权、都市生活与乡村生活、市民与士绅之间的种种冲突，社会生活在王阳明生活的正德、嘉靖时代起已经发生了巨大变化。”①诸如家庭、家族、婚姻、阶级、阶层、民族、社会群体、日常生活、社会观念、宗教信仰、风俗习惯、社会思潮、文化交流等方面都与以往社会有了很大的不同。社会的同一性被打破，这个时代的社会生活与传统社会生活发生了断裂。晚明发生了传统的古代封建社会向新的近代资本主义社会的转变，用近代化的视角可以跳出封建社会——资本主义社会的二元争论框架的思维方式去看待中国社会发展所具有的自身独特的轨迹，文学作品中有关社会变化的反映屡屡被历史学者所引证。黄仁宇《从〈三言〉看晚明商人》中认为，“三言”非历史著作，但其所包括中国16、17世纪间社会史及经济史资料之丰富，并进而通过分析商人的资金运作、商业组织方式及社会政治制度等方面与西方社会的近代化进行了对比，得出当时中国社会的发展与资本主义萌芽之趋势相反的结论。② 冯天瑜《“三言”、“二拍”表现的明代历史变迁》从文

① 葛兆光：《中国思想史》（第二卷），复旦大学出版社2009年版，第292页。

② 黄仁宇：《放宽历史的视界》，生活·读书·新知三联书店2007年版，第32～34页。

化史的角度对“三言”和“二拍”中所反映的人物形象、价值观念和人生追求、婚恋模式以及城乡经济状况进行了细致的考察，指出“三言”和“二拍”对当时的社会“带有近代意味的生活场景”描述还是清晰的，揭示晚明社会的历史变迁在文学作品中有着生动的记录。① 社会变迁对语言的变化的影响较大的因素有：一是城市的兴盛，专业商人和商帮的出现，导致社会价值观念的重塑，二是民间社会作为独立客体出现，学术民间化、儒学平民化的趋势明显，上层文化与世俗文化交融，形成了文化的多彩现象。②

据方志远的统计，目前所知明代的拟话本小说存于26种集子中，大约近五百篇拟话本小说，③其中有部分是文言作品，纵观这些拟话本小说的语言，由民间说话改编的拟话本语言多为浅显的白话，因而“三言”和“二拍”中的故事则深受市民的喜爱。刊印技术起到了巨大的作用，从普及的范围和数量上提供了技术保障，促进文学向市井化、通俗化和大众化的转移，由雅文学向俗文学逐步转移，逐步实现从由一些文人收集整理宋元时期勾栏瓦肆间说书人的旧本底本，向文人主动创制新编的故事和话本转变。主动创制的故事在整体的文学风格和语言风格上都有着新的发展和整体性，从语言的角度来看，“二拍”的语言适应了当时雅俗共赏的时尚口味，由文人独立创作，既吸取了民间传说，又有文人创作的整体

① 冯天瑜：《“三言”、“二拍”表现的明代历史变迁》，见冯天瑜：《明清文化史札记》，上海人民出版社2006年版，第43～66页。

② 万明主编：《晚明社会变迁问题与研究》，商务印书馆2005年版，第26页。

③ 方志远：《明代城市与市民文学》，中华书局2004年版，第123～125页。

风格，“二拍”是白话短篇小说集，白话的通常意义是指一种书面语言，《汉语大词典》对“白话”的解释是：“汉语书面语的一种。它是唐宋以来在口语的基础上形成的，起初只用于通俗文学作品，如唐代变文、宋元明清的话本小说等，及宋元以后的部分学术著作和官方文书，到五四新文化运动以后才在社会上普遍应用。”①白话是在唐宋以来的口语、俗语的基础上形成的，白话小说经过唐宋元时期的发展，明清时期达到全盛，产生了大量优秀的白话作品，成为现代白话的重要资源。在新文化运动时期提倡白话文文学创作的众多学者中，如何为现代白话提供范式，胡适认为白话写作应“尽量采用《水浒》《西游》《儒林外史》《红楼梦》的白话；有不合今日用的便不用他；有不够用的便用今日的白话来补助。”②

从文学的角度考察，至少有两点值得我们注意：一是大众文学或是通俗文学在文学的舞台上站住脚跟并且取得辉煌的成绩，就是在晚明时期，以白话小说和戏剧——广大老百姓所喜闻乐见的文学样式为代表，同时大批精英文人选择了通俗流行的文学表达方式进行创作，形成了文人阶层与底层市民的创作与欣赏的互动；二是文学不再为了“诗言志”，不再是经国之大业的不朽盛事，文学可以娱乐，可以在勾栏瓦肆中表述芸芸众生的喜怒哀乐，不再只是帝王将相的家谱和传记，更是街谈巷语、俚俗野语，也是世俗民众的浮世绘。

---

① 罗竹风主编：《汉语大词典》（第八卷），汉语大词典出版社 1991 年版，第 203 页。

② 胡适：《新青年》第 4 卷第 4 号《建设的文学革命论》。

二

宋明之际在市民中间一直有世俗文化在发展、蔓延,人们口口相传"奇谈怪事"、"神仙鬼怪"、"僧尼侠盗"等故事,"三言"中的故事在被冯梦龙编辑整理成书之前早在民间广为流传,拟话本在"三言二拍"之后如雨后春笋般全面发展达到高峰,凌濛初评冯梦龙三言"颇存雅道,时著良规,一破今时陋习"(《拍案惊奇·序》),话本要存雅道,破陋习,有为世俗立规矩的教化意味。另外,对市面上大量流行的话本,凌氏颇不以为然,他认为优秀的底本已被冯梦龙收罗殆尽,剩下的都是些"沟中之断芜,略不足陈已"(《拍案惊奇·序》)。他自己另辟蹊径,在题材中以"古今来杂碎事"的内容进行创作,大量地写市井生活,可以说凌氏大获成功。文学是语言的艺术,语言为文学的头等大事,"二拍"所采用当时小说的主要语言形式,成为一个自给自足的完整的结构体,从而创造了一个虚拟的独立世界。"文学不单是对语言的运用,而是对语言的一种艺术认识(如同语言学对它的科学认识一样),是语言的形象,是语言在艺术中的自我意识。"①选择拟话本体裁进行文学创作,也就是选择了白话的语言形式,白话成为一种时尚,选择本身就意味着白话文的胜利,也是白话小说自身发展决定的。众所周知,文人是一个时代精英思想集中体现的群体,代表着一个时代的审美风尚和价值观念,他们既是传统的文化载体,又是时尚的体现者。白话小说经过宋元话本的漫长流传,表达形式越来越丰富,也就越来越吸引人,最

① [俄]巴赫金:《文学作品中的语言》,见钱中文主编:《巴赫金全集》(第四卷),河北教育出版社 1998 年版,第 269 页。

终受到文人的关注和采纳，中国文学中的诗、词、戏曲等文学形式的变迁从民间到精英阶层的接受都有相类似之处，这种选择也受到群体价值取向即体裁的暗示和制约。白话小说正是明代小说的言语体裁。巴赫金认为，每个言语体裁都代表着人们对现实世界的一种视角、一种思考方式，隐含着根据语境而选用体裁的价值评判，换言之，体裁本身就代表群体对事物或现象的共同的社会评价。① 白话小说在晚明受到精英阶层的选择是对现实世界的一种认识视角的选择，是文人对市民生活的再认识，对城市生活的选择，其实当时的文人多已选择在繁华的大城市生活。冯梦龙、凌濛初在科场失意后，都寓居南京多年。鲁迅在《中国小说史略》中指出"三言"之后的白话短篇小说都归属于拟话本一类。② 拟话本是文人模拟话本形式而作的小说，一个显著特点就是拟话本叙事内容和艺术取向的文人化。

"二拍"为小说文学语言提供了规范型的借鉴。从宋元以来白话小说主要使用话本小说式的语言表达，"二拍"就是将晚明时期日渐成熟的白话小说的文本形式定型，对文学形式的完善也是一种创新。白话以北方话为基础，"从老百姓的生活语言里提炼铸造了一套艺术表达手段。这种导源于民间口头创作的故事体，最本质的特点是交际的主客体确定不移，一方是说话人，一方是广大的平民听众。这决定了基调是口头叙述，常在生动细腻的描绘中，夹杂自己的评说议论。在辞章方面，自然熟话多，创新少，信手拈来，不加修饰。但因为取自民间语言的海洋，利用了人民口语本身的

① 凌建侯:《巴赫金哲学思想与文本分析法》，北京大学出版社 2007 年版，第 171 页。

② 鲁迅:《中国小说史略》，浙江文艺出版社 2000 年版，第 153 ~ 161 页。

优点，所以自有独特的魅力。随着话本刊印流传，白话小说的语言艺术开始了独立的发展。主体——说话人的因素日见其少，句法章法锤炼转多。同时融进相当的文言成分，着意于变疏为密，变散为聚。小说特质获得了充分的体现。”①从文本形式的角度考虑，宋元话本在长期的发展过程中形成了固定的叙事模式，凌濛初在小说创作时将宋元话本以及前人诸如冯梦龙的创作作为借鉴的范本。通过学习和借鉴，凌濛初熟练地掌握了白话短篇小说的文本构成方式与基本叙事技巧，将拟话本的叙事模式定型化，话本的形式也逐步由俗至雅，回目定型为对仗的双句。

三

“二拍”以及大量的拟话本小说的创作为追求娱乐效果的最大化，使用白话及大量的日常口语，让语言游戏的一面得到释放。“二拍”的人物和语言整体是在尚奇的创作思想主导下，“文不足征，意殊有属。凡耳目前怪怪奇奇，当亦无所不有”（《拍案惊奇·序》），说出的话语具有强烈的指向，在“二拍”的叙述过程中，我们可以深切地感觉到，读者或是听众始终在场，拟话本的这种说书的叙述方式促使语言上的选择更具口语化，让更多的人听得懂，获得大众更多的喜爱。这样的一个氛围让作品时不时地流露出似真似假的戏剧色彩，有时叙述者煞有介事地告诉你一个似乎是历史真实，入话时常用到这样的手法，用一个历史上似乎确凿的事实开始讲述，将听者引入到真实的语境中，引出下一个话题，下一个话题是真是假就带有很大游戏成分：叙述者是想让接受者接受这是一

① 白春仁：《文学修辞学》，吉林教育出版社1993年版，第76～77页。

个真实的内容，但叙述者是清楚的，叙述以追求稀奇为心理暗示，让我们看到叙述者的娱乐和游戏心态活跃其中。

“二拍”虽然故事多有所本，但是，故事的本事所占比例很小，不对“二拍”的语言整体特色构成影响，“二拍”语言整体风格一致性和个人独创性自然存在。应该视为晚明社会市民阶层所使用的活生生的言语的文学运用，正如前文所述，有着雅俗共赏的特性——既被文人所采纳又受到市民的喜爱的语言，文人气和市民味融为一体。凌濛初的小说注重人情和义气，这正是中国传统社会的特点，尤其是在民间和底层社会。“文学作品不应被看做古代文献，从语言的角度理解文学作品”，文学研究的是言语整体，即被传统语言学所排除的那些活生生的言语，这对文学研究来说，“恰好具有头等的意义”。[①]“那些活生生的言语”代表的就是当时社会生活。“二拍”作为通俗文学有其不可替代的价值，其中最重要的一个特点就是可读。这种“可读”一方面指的是文本主要面向一般读者所熟悉的话语，容易被喜欢的读者不假思索地认同，另一方面，“二拍”尚奇的创作思想，它的娱乐色彩很浓厚。“二拍”之所以可读，根源在于：一是使用程式化的手法、规范化的语言，创造一个表面纷繁复杂而实际上所面向的读者既熟悉又清晰的文学世界。二是话本都力图建立明确的价值判断，简单地将所描述的世界大而化之为善与恶的二元对立的世界，这样利于当时的人们接受和理解。“二拍”的语言体现的既是当时话本小说的风格，也是作者的语言个性，是作家有意识地运用当时的通俗语言较为自由地表

---

① ［俄］巴赫金：《陀思妥耶夫斯基诗学问题》，见钱中文主编：《巴赫金全集》（第五卷），河北教育出版社 1998 年版，第 236 页。

达自己思想和个性意识的结果。作者的人生是屡屡不得志的，是失意的，但是在小说的创作中他获得了自由意志的充分表达：对官场腐败的批判揭露和冷嘲热讽，对科场舞弊的深恶痛绝，对自己怀才不遇的自怜自赏，对程朱理学的不满，作者都在小说中表达出来。

白话小说的兴盛解放了文学语言，带给语言一次狂欢式的自由表达。表现在小说语言从文言到白话的转换，使中国文学从“诗”的时代转向“散文”的时代，抒情文学和叙事文学也发生了位次的转换，小说成为主流文体。白话给中国文学带来的变化是非常深刻的，它不仅在工具层面上使语言的形态发生了变化，而且带来了中国作家在审美观和价值观上的巨大转变。现代白话文的文学写作正是在话本催化下，历经唐宋元在勾栏瓦肆之间的历练，经过几百年无数民间说书人和文人的水火淬取，到了明代，话本浴火重生，白话成为一种文学语言，步入经典的殿堂。① 单就语言的切换而言，中国文学从诗的时代向散文的时代转向这一文学现象，文学语言的白话程度有一个非常明显的渐进过程。从四大名著之一、最早产生的《三国》到晚明的《金瓶梅》，从半文半白、文白相杂到语言的口语化，明清小说的白话发展自有其规律和过程，到了五四时期，借着西学东渐，加速了这一进程。即使没有五四狂飙突进式的白话运动，文学也会走出一条白话的道路，当然可能会慢一点，曲折一些，但历史的发展已经揭示了这样一个前进的方向。

在文学的世界里，语言是文化的语言，文化是语言的文化。语

① 付丹、何锡章：《“五四”：文学与语言关系理论思考的重要开端》，《中国现代文学研究丛刊》2007 年第 3 期。

言是一套独立的符号系统，相比较文字而言，语言的独立性和符号性并不一定具有很大的改造世界的力量，用白话创造小说只是对语言使用的试探。在当时的现实中已经存在着广泛使用的白话，也就是语言白话本身就在我们的生活中，用白话进行文学创作不是我们言说的语言转型，只是作家放弃了用文言写作的方式，改用白话进行文学创作，这不是一次简单的文学创作语言的转变，可以说这是一次语言的胜利，通俗语言的胜利，在诗歌与古文占据主流话语前台的当时，“二拍”用当时的通俗语言——白话成功地让大众接受了这样一种表达，凌濛初的精英身份所推动的让自身的阶层接受这种表达是一次国人对生活方式看法的改变，说话也是可以娱乐的，语言和文字所创造的游戏可以吸引很多人的关注，不仅仅是勾栏瓦舍的市民，当时的很多士人也都对话本小说趋之若鹜。通过“二拍”以及其后的大量模仿作品流行于世，至少在局部有部分的知识阶层跳出了由文言设置的知识和思维的怪圈。文化阶层的代表在接受白话小说的同时，意味着知识领域的扩大和对整个周围世界认识的刷新，语言的变化恰是一个社会变化的侧影。

参考文献

一、著作类

孙楷第:《沧州集》,中华书局1965年版。

叶德均:《戏曲小说丛考》,中华书局1979年版。

胡士莹:《话本小说概论》,中华书局1980年版。

[瑞士]索绪尔著,高明凯译:《普通语言学教程》,商务印书馆1980年版。

赵景深:《中国小说丛考》,齐鲁书社1980年版。

谭正璧:《三言两拍资料》,上海古籍出版社1980年版。

〔明〕凌濛初著,章培恒整理,王古鲁注释:《拍案惊奇》,上海古籍出版社1982年版。

〔明〕凌濛初著,章培恒整理,王古鲁注释:《二刻拍案惊奇》,上海古籍出版社1983年版。

〔明〕冯梦龙:《古今小说》,人民文学出版社1984年版。

〔明〕冯梦龙:《情史类略》,岳麓书社1984年版。

[美]爱德华·萨丕尔著,陆卓元译:《语言论》,商务印书馆1985年版。

蔡国梁:《明清小说探幽》,浙江文艺出版社 1985 年版。

余英时:《士与中国文化》,上海人民出版社 1987 年版。

[英]马琳诺夫斯基著,费孝通译:《文化论》,中国民间文艺出版社 1987 年版。

[美]威廉·阿尔斯顿著,牟博、刘鸿辉译:《语言哲学》,生活·读书·新知三联书店 1988 年版。

[美]夏志清:《中国古典小说导论》,安徽文艺出版社 1988 年版。

陈永正:《市井风情——三言二拍的世界》,中华书局香港分局 1988 年版。

王丽娜:《中国古典小说戏曲名著在国外》,学林出版社 1988 年版。

傅衣凌:《明清社会经济变迁论》,人民出版社 1989 年版。

张兵:《凌濛初与二拍》,辽宁教育出版社 1992 年版。

王岳川:《后现代主义文化研究》,北京大学出版社 1992 年版。

赵士林:《心学与美学》,中国社会科学出版社 1992 年版。

张琢主编:《国外发展理论研究》,人民出版社 1992 年版。

蔡景康编选:《明代文论选》,人民文学出版社 1993 年版。

白春仁:《文学修辞学》,吉林教育出版社 1993 年版。

何其敏:《中国明代宗教史》,人民出版社 1994 年版。

马美信:《凌濛初和二拍》,上海古籍出版社 1994 年版。

欧阳代发:《话本小说史》,武汉出版社 1994 年版。

石昌渝:《中国小说源流论》,生活·读书·新知三联书店 1994 年版。

杨义:《中国古典小说史论》,中国社会科学出版社 1995 年版。

吴竞存:《〈红楼梦〉的语言》,北京语言学院出版社 1996 年版。

齐裕焜:《明代小说史》,浙江古籍出版社 1997 年版。

牛建强:《明代中后期社会变迁研究》,台北文津出版社 1997 年版。

郑杭生主编:《社会学概论新修》,中国人民大学出版社 1998 年版。

石麟:《话本小说通论》,华中理工大学出版社 1998 年版。

徐定宝:《凌濛初研究》,黄山书社 1999 年版。

胡适:《白话文学史》,上海古籍出版社 1999 年版。

李泽厚:《中国思想史论》,安徽文艺出版社 1999 年版。

鲁迅:《中国小说史略》,浙江文艺出版社 2000 年版。

邓绍基、史铁良主编:《明代文学研究》,北京出版社 2001 年版。

段启明:《中国古代小说戏曲述评辑略》,华文出版社 2002 年版。

罗小东:《话本小说叙事研究》,学苑出版社 2002 年版。

赵世瑜:《狂欢与日常——明清以来的庙会与民间社会》,生活·读书·新知三联书店 2002 年版。

王昕:《话本小说的历史和叙事》,中华书局 2002 年版。

陈平原:《中国小说叙事模式的转变》,北京大学出版社 2003 年版。

[英]费尔克拉夫著,殷晓蓉译:《话语与社会变迁》,华夏出版社 2003 年版。

邱绍雄:《中国商贾小说史》,北京大学出版社 2004 年版。

李天道:《中国美学之雅俗精神》,中华书局 2004 年版。

方志远:《明代城市与市民文学》,中华书局2004年版。

温孟孚:《"三言"话本与拟话本研究》,中国社会科学出版社2005年版。

李荣启:《文学语言学》,人民出版社2005年版。

万明主编:《晚明社会变迁问题与研究》,商务印书馆2005年版。

郑振铎:《中国俗文学史》,商务印书馆2005年版。

陈文新:《传统小说与小说传统》,武汉大学出版社2005年版。

冯天瑜:《明清文化史札记》,上海人民出版社2006年版。

王平:《明清小说传播研究》,山东大学出版社2006年版。

程国赋:《三言二拍传播研究》,中国社会科学出版社2006年版。

凌建侯:《巴赫金哲学思想与文本分析法》,北京大学出版社2007年版。

李建中:《中国古代文论诗性特征研究》,武汉大学出版社2007年版。

黄仁宇:《放宽历史的视界》,生活·读书·新知三联书店2007年版。

[德]马克斯·韦伯著,康乐、简惠美译:《新教伦理与资本主义精神》,广西师范大学出版社2007年版。

谢立中:《走向多元话语分析》,中国人民大学出版社2009年版。

葛兆光:《中国思想史》,复旦大学出版社2009年版。

[英]沃尔弗雷斯编著,张琼、张冲译:《21世纪批评述介》,南京大学出版社2009年版。

二、论文类

张文彦:《惊人的相似》,《外国文学研究》1981 年第 3 期。

章培恒:《杂谈两拍》,《书林》1981 年第 3 期。

傅晓航:《凌濛初的戏曲批评》,《上海戏剧》1983 年第 3 期。

陈建平:《拍案惊奇残已久,原刊孤本扶桑归》,《文学报》1983 年 10 月 6 日。

柳无忌:《关于凌濛初的拍案惊奇》,《读书杂志》1983 年第 6 期。

陈星鹤、郑军健:《关于〈二拍〉的再评价》,《新华文摘》1984 年第 12 期。

吴功正:《历史变动时期的短篇小说——评凌濛初的二拍》,《文学遗产》1985 年第 3 期。

陈年希:《凌濛初戏曲理论批评初探》,《上海师范大学学报(社会科学版)》1988 年第 1 期。

柴葵珍:《凌濛初戏曲观初探》,《湖州师专学报》1988 年第 1 期。

杨明明:《简评"二拍"中的徽商特征》,《徽州社会科学》1988 年第 2 期。

傅衣凌:《中国传统社会:多元的结构》,《中国社会经济史研究》1988 年第 3 期。

冯保善:《论"二拍"的艺术特色》,《社会科学辑刊》1989 年第 6 期。

冯保善:《论凌濛初的小说理论》,《社会科学研究》1992 年第 3 期。

曦钟:《“二拍”思想艺术浅说》,《明清小说研究》1997 年第 1 期。

阎玮:《“三言”、“二拍”主要男性形象管窥》,《明清小说研究》1997 年第 3 期。

张克哲:《“三言二拍”本事资料拾遗》,《明清小说研究》1997 年第 3 期。

赵红娟:《凌濛初先世和迁徙情况考索》,《明清小说研究》1998 年第 3 期。

石麟:《两难境界中的挣扎——“二拍”谈片》,《明清小说研究》1998 年第 3 期。

徐定宝:《凌濛初戏曲创作概观》,《文教资料》1998 年第 5 期。

王心欢:《“三言”“二拍”中的俗谚语》,《明清小说研究》1999 年第 3 期。

闵青:《〈凌濛初研究〉出版发行》,《明清小说研究》1999 年第 3 期。

沈金浩:《论“三言”、“二拍”中的美男子形象》,《明清小说研究》1999 年第 4 期。

皋于厚:《凌濛初研究的新创获》,《文教资料》1999 年第 6 期。

马美信:《论〈啖蔗〉与“三言两拍”和〈今古奇观〉的关系》,《明清小说研究》2000 年第 3 期。

冯保善:《凌濛初与王稚登》,《江海学刊》2000 年第 4 期。

沈金浩:《论“三言二拍”的科举观与门第观》,《明清小说研究》2000 年第 4 期。

冯保善:《凌濛初小说创作与晚明哲学思潮》,《南京师大学报(社会科学版)》2001 年第 3 期。

程毅中:《明代的拟话本小说》,《明清小说研究》2002 年第 2 期。

潘健:《从经济效益的角度看“三言二拍”传播社会规范与向往追求社会资源的矛盾》,《明清小说研究》2002 年第 4 期。

冯保善:《凌濛初家世述略》,《艺术百家》2003 年第 2 期。

何锡章:《“五四”文学语言革命思想的现代性阐释》,《江汉论坛》2004 年第 1 期。

刘艳琴:《明代话本小说中的徽商形象》,《明清小说研究》2004 年第 4 期。

徐永斌:《凌濛初死事考辨》,《明清小说研究》2006 年第 1 期。

严明、沈美红:《闺阁内的爱情导师——“三言二拍”中婆子、丫环、尼姑的角色分析》,《明清小说研究》2006 年第 1 期。

徐永斌:《凌濛初家世研究及新资料的发现》,《明清小说研究》2007 年第 1 期。

张仲谋:《明代话本小说中的词作考论》,《明清小说研究》2008 年 1 期。

胡莲玉:《〈型世言〉与〈三言〉〈二拍〉创作思想差异探源》,《明清小说研究》2008 年第 3 期。

孙丽华:《明代通俗小说中“女人祸水”主题的解读》,《明清小说研究》2008 年第 4 期。

魏文哲:《论“三言”中的正统思想》,《明清小说研究》2009 年第 2 期。

卢捷:《落魄文人出路的理想探索——略论“三言”“二拍”中的秀才形象》,《明清小说研究》2009 年第 2 期。

马衍:《世俗世界和精神家园中的文士范本——“三言二拍”和

〈六十种曲〉文士形象比较》,《明清小说研究》2010 年第 1 期。

万伟成、赵义山:《寄生词曲与明代拟话本小说的体制嬗变》,《明清小说研究》2010 第 1 期。

黎藜:《易性乔装与话本小说的女性观》,《明清小说研究》2010 年第 2 期。

王瑾:《“三言”、“二拍”本事来源的新发现——附谈〈湖海新闻夷坚续志〉的作者》,《明清小说研究》2010 年第 2 期。

闵宽东:《韩国的中国古典小说研究成果》,《明清小说研究》2010 年第 3 期。

后　记

书稿付梓，深感生有涯而学无涯，尤其面对古代文学每一时期的每一部经典——无不被前人先贤爬罗剔抉多遍，在击节赞赏之余，想写出不同前辈之见顿觉蜀道现于眼前，之所以选择“二拍”作为博士论文的文本，除了在前文所列种种分析的原因，在这里只有一点需要强调，就是我对于“二拍”的喜爱，一个简单到不需要过多解释的理由。书架上的书越来越多，值得再次阅读的却越来越少，“二拍”却能够带给我每次阅读的享受与喜悦，书中的种种世相竟也有在当下上演，促使我在阅读之余的思考。对于文化变迁的关注是我思考的立足点，或许仅仅只有立锥之地，期待方家指点。本书的出版归功于那些在我求学期间支持与帮助我的人，没有他们的支持与帮助，我仍旧在黑暗中摸索。

感谢我的导师何锡章先生。先生不嫌弃我身处偏远、学浅识陋，收我为弟子，我每次来学校，无比忙碌的何老师总会请我吃饭，骄傲地大声介绍我给他人：“我的博士，新疆来的。”让一圈的人起敬于我来的地方——新疆，亦把我塑造成一个不辞劳苦、奔波千里求学的上进人士。何老师知道我在石河子大学负责对口支援工作,他常常会说,华科大对口支援石河子大学,院里的老师可以去那里支教。感谢程邦雄教授、李俊国教授、李军均老师、王均江老师等,他们都表示只要有机会,一定去石河子大学支教。

感谢华中科技大学。我与华科大是有缘分的,18 年前,我和妻子曾在城建学院小住一段时间,那是一段美好的时光。从 2005 年开始,华科大就开始支援我校,给我的工作带来很多的收获。华科大的很多领导和教授都加入到支援石河子大学的工作中,分管这项工作的林萍华常务副校长见到我时总会说一句:“这是我们华科大的校友。”让我倍感压力,要努力学习,完成学业,否则对不住校友的称号。感谢华科大研究生院的冯征院长、马艳玲处长、吴小梅主任、陈瑞红主任等以及全体研究生院的老师,他们数年如一日的支持石河子大学的师资队伍建设,为石河子大学培养了 100 多名博士师资,我是其中之一,他们默默无闻的无私奉献使华科大校风在边疆彰显。感谢同济医学院的杨东亮教授——我的安徽老乡,如兄长一样给我支持;李涛——我的好兄弟,让我时刻能够感受“海内存知己,天涯若比邻”的手足之谊;感谢方为民、瞿慧明等老师在我求学期间给予的诸多帮助。

感谢我的 2008 级的博士同学们,他们在论文的撰写期间他们都从各个方面尽己所能提供资料,提出建议。张新珍、唐晓云、王卫平、董华、武晓丽、房芳、逄亚荣、许红菊、张院利、汪嘉岳、张芳等女同学,在她们身上丝毫没有所谓的“第三种人是女博士”的气息,她们才貌双全,情商、智商俱佳,每一次相聚都是一次美好的回忆。邓云涛、刘新征、谭泽宁,男同学屈指可数。云涛君与我同一师门,他一表人才,谈吐幽默,在地质大学工作,前程远大。刘、谭二君刻苦勤奋,已学有所成。正是有了这样的同学情谊,在漫长的求学之路上充满欢乐而美好的记忆。

感谢北京大学的几位亦师亦友的前辈，于鸿君副书记在石大挂职期间支持我走上求学之路，并给予我莫大帮助；刘意青教授、陈晓明教授、凌建侯教授以及中国人民大学程光炜教授等都悉心指点提建议、慷慨无私赠资料。有高人指点，我终生受益。

回顾求学之路，需要感谢的人很多很多，尤其是我工作的石河子大学，不论是领导还是同事，每个人都给予我各方面的鼓励、支持和帮助。我由衷地说一句：谢谢你们！

在书稿最后修订过程中，教研室的李江杰博士和齐鲁书社的孔帅老师帮助校对并提出了很好的建设性意见，需要郑重致谢！

最后，对我的家人——我生命中最坚强最温柔的那一部分，都融为一体了，你们始终都在我的身边。我知道，家里的灯永远都亮着。

2013年10月于石河子象牙城

图书在版编目(CIP)数据

"二拍"与晚明文化变迁／郑亮著. —济南:齐鲁书社, 2014.1

ISBN 978-7-5333-3097-2

Ⅰ.①二… Ⅱ.①郑… Ⅲ.①话本小说－小说研究－中国－明代②文化史－研究－中国－晚明
Ⅳ.①I207.419②K248.07

中国版本图书馆 CIP 数据核字(2014)第 009027 号

"二拍"与晚明文化变迁

郑 亮 著

主管单位 山东出版传媒股份有限公司
出版发行 齊魯書社
社　　址 济南市英雄山路 189 号
邮　　编 250002
网　　址 www.qlss.com.cn
电子邮箱 qilupress@126.com
营销中心 (0531)82098521 82098519
印　　刷 山东新华印务有限责任公司
开　　本 880mm×1230mm 1/32
印　　张 6.25
插　　页 2
字　　数 146 千
版　　次 2014 年 1 月第 1 版
印　　次 2014 年 1 月第 1 次印刷
标准书号 ISBN 978-7-5333-3097-2
定　　价 **22.00 元**